图解 精益制造034

现场安全管理

製造現場の事故を防ぐ安全工学の考え方と実践

[日] 中村昌允 著　　李斌瑛 译

人民东方出版传媒
People's Oriental Publishing & Media

東方出版社
The Oriental Press

目录

第7章 今后的安全管理 215

前言

科技人员的使命是通过开发新技术并且将其投入实际使用来为社会做出贡献，同时还需要保证该技术不会给社会带来危害。

21 世纪世界人口预计将增加到 100 亿人，能源、食物等各种资源严重不足，而且人们还需要处理不断增加的废弃物。为了解决这些课题，人们更加寄希望于科技的发展，但是与此同时，科技也有可能带来像福岛核电站事故这样的严重灾害。为了抑制科技所带来的危害，并且使新技术的开发成为可能，安全工学是必不可缺的。

我从事安全工学活动的契机是 1991 年 6 月在狮王（Lion）千叶工厂发生的甲醇蒸馏塔爆炸事故。这一事故发生于为了制造新型表面活性剂而投入工业化生产的工厂设施当中，当时我是该流程的开发负责人。该事故造成了两人死亡，我深切地体会到自己作为技术人员的不足之处与安全工学的必要性。尤其值得反省的是危机意识不足以及对安全工学缺乏基本的知识。

后来我又调查了许多事故的原因与背景，我认为尽管事故都有各自的技术问题，但是这些事故发生的共同之处就是违背了安全工学。

我调查事故的方法是以事故调查报告书为基础，研究“如果我是该事故的当事人，此时会采取怎样的判断与行动”，这称为事故的“假想体验”，通过第一人称视角进行假想体验，可以发现一些在第三者的评价当中难以理解的问题，如“为什么会走到扣下最后的扳机这一地步”“为什么不得不扣下扳机”等当事人的呐喊。换言之，事故的当事人“需要哪些知识与信息”“他们追求怎样的组织与计划”等防止事故发生的必要事项都值得引起我们的注意。

安全工学的作用是“收集、整理、综合广泛存在于各大领域的与安全知识相关的共通概念与技术”[①]，即“安全知识的体系化”。本书旨在从大量事故中总结课题并使之普遍化，为防止制造现场的事故做出贡献。

本书将从安全管理的现状这一课题出发，分为“风险评估”“遵守规定与变更管理”“信息传达与沟通”三方面，并建议将今后的安全管理方式从“零风险（绝对安全）转变为风险基础的安全管理”。

拙著《技术人员的伦理与风险管理》一书中就为了防止科技带来的危害，每名技术人员应该拥有怎样的责任、应该怎样采取行动的观点举出了许多事故事例。本书从为了防止危害，人们应该采用怎样的组织与计划这一观点来讨论事故事例，并且总结了如何防止以前发生过的事故再次发生、如何防患于未然。

希望本书能给在现场工作的管理人员和技术人员提供帮助，为提高制造现场的安全管理做出贡献，这也是我为降低事故的发生做出的一点绵薄贡献。

---

① 日本学术会议、人与工学研究联络委员会安全工学专门委员会:《为构建安全安心的社会安全工学应当担当的责任》，P.3，2005 年 8 月 31 日，http://www.scj.go.jp/ja/info/kohyo/pdf/kohyo-19-t1034-1.pdf

序章

本书内容分为两部分。第一部分是日常安全活动中应当实施的重点事项，第二部分是分析现在的安全管理存在的问题并为今后的安全管理提出建议。

0.1 日常安全活动中应当实施的重点事项

现场处理能力的降低是最近发生的事故中共同存在的问题。近年来，随着设备的新设与增设大幅度减少，以及设备由计算机自动控制等原因，现场操作人员直接接触设备的时间逐渐减少，因此在实际操作中锻炼判断力与技能的机会也减少了。我们在从事日常的安全活动时需要认识到这一现实。

笔者在调查了各大公司的事故原因后，认为为防止事故再次发生应做到以下 3 点：

①严格实行风险评估以及危险预知（KY）。

②遵守规定，在规定发生变更时，依照手续实施。

③准确地传达信息，与相关人员进行沟通。

专注于失败学的中尾政之就失败的原因指出："其中值得我们注意的数字是'未知'的 4%。也就是说，剩下的 96% 并不是新的失败，而是过去在世界某个地方发生过的事例。"[①] 多数事故的背景中有着共通的问题，通过改善这些问题，可以减少事故的发生。

① 中尾政之：《向历史学习的失败学》，素形材，48 卷，8 号，pp.34–38（2007）。

（1）风险感受与风险评估

简单地说，风险评估是指“事先找出危险事项，事先评价该事项的危险程度，并根据这一评价做好周全的准备”。[①] 风险评估的重点是：①事先找出危险事项；②评价其是否可以接受。其中困难的是事先找出危险事项。

多数事故是由于当事人认为“不危险”才会发生的。这属于“危机意识”不足，即“风险感受”的问题，但是没有人从一开始就能够拥有“风险感受”。笔者曾经历过的“甲醇蒸馏塔爆炸事故”并非发生于新开发的工序当中，而是发生于属于周边设备的蒸馏塔。事故调查委员东京大学名誉教授吉田忠雄一针见血地指出，笔者对处理过氧化物的风险认识不足。如今回顾这一事故时，笔者也尤其深切地体会到自己当时缺乏对危险的认识（风险感受），具体参照章末专栏。

只有遭遇了不幸的事故以后才能拥有“风险感受”，但这样的话会造成巨大的损失。我们可以严格实施“风险评估”，以及在作业开始之前仔细进行“危险预知（KY）”，寻找出“这里潜藏着怎样的风险”，通过这些积累来培养“风险感受”。

但是即使实施了风险评估，也不可能将所有风险降低至零。相关人员需要根据风险评估的结果，将即使采取了风险降低措施以后依然存在残留的风险（残留风险）这一信息进行共享，并将其反映于作业开始时的危险预知（KY）当中（参照第 3 章）。

---

① 向殿政男：《事故防范技术》，p.55，中央劳动灾害防止协会（2003）。

（2）遵守规定与变更管理

规定与标准是根据以前的实际成绩制定的，基本上只要按照规定作业的话就不会发生事故。

变更规定分为无意变更与有意变更两种情况。

无意变更称为捷径行为或是省略行为，它是由于人们对规定的理解不够充分，以及允许不遵守规定的行为存在这一环境所滋生的。为了贯彻规定，并且让人们理解、领会制定规定的背景与必要性，企业需要开展“Know Why 教育”，同时经营高层平时需要奖励遵守规定的行为，现场的管理人员也必须抱着绝不允许违反规定的严厉态度。

有意变更是指需要对规定或标准进行变更管理。问题是我们还要兼顾生产现场进行的改善活动。改善活动是日本拥有优异的生产技术力的源泉，但是根据滨岛等人的调查，大约六成事故都是源自变更规定时的变更管理不够周全。[①]

提出改善建议的前提是现场拥有判断其是否可行的能力。在现场处理能力降低的当下，我们需要将改善建议视为变更管理的对象，并且由专家加入审议共同判断其是否可行，在此基础上再投入实施。

（3）信息传达与沟通

由于 2003 年日本发生了一系列产业事故，厚生劳动省调查

① 滨岛享子·梅崎重夫：《着眼于信息传达与变更管理，产业机械劳动灾害分析手法的提案》，《劳动安全卫生研究》，Vol2，No.1，pp33-44（2009）。

了大规模制造生产车间的安全管理情况，报告指出在灾害发生率（年千人率）高的单位中，经营高层对投入安全管理活动不够积极，与承包商等合作公司进行安全管理合作以及信息交换也不够充分。同时，该报告中提到，利用文件传达信息可以使灾害发生率（年千人率）减半[①]。

基于这一调查结果，为了构建包括合作企业在内能够准确传达信息安全管理体制，2006年日本制定了制造业招标方指针（参照第5章）。

关于大规模制造业车间中与安全管理相关的自主检查结果

灾害发生率高的生产车间存在以下的问题，很显然，经营高层积极地处理这些问题是十分重要的。

1. 单位高层没有充分地带头实施安全管理活动。
2. 单位高层在安全管理方面安排的人员、经验与经费不足。
3. 与承包商等合作公司进行安全管理的合作与交换信息不够充分。
4. 劳资合作调查、审议安全管理的场所等安全委员会的活动不够活跃。
5. 对入职后的现场劳动者进行定期再教育或对作业标准手册的重新审核不够充分。
6. 评价设备·作业的危险性大小、为防止灾害而采取措施不够积极。

① 厚生劳动省劳动基准局安全卫生部:《关于大规模制造业中与安全管理相关的自主检查结果》，2004年2月17日，http://www.mhlw.go.jp/topics/2004/02/tp0217-1.html

三菱化学鹿岛事业所反省了2007年发生的乙烯工厂火灾事故[①]，并将事业所的目标记载如下，其内容与第2页①~③的三个重点一致。

> **三菱化学鹿岛事业所目标**
>
> 一、共同寻找、认识到“我们究竟有哪些不足之处才导致事故多次发生”，并将其改变。（认识）
>
> 二、知道、理解自己现场的危险·不备之处，将其告诉同伴，并且彻底地掐断事故的萌芽。（传达）
>
> 三、“遵守规定＝理解每一条规定的意义，严格实践、必须遵守”的行为即是保护生命。（遵守）

0.2 今后的安全管理

（1）超越个人责任的安全对策的必要性

日本的安全管理过去主要依赖于实际从事作业人员的注意与技能，但最近灾害的发生情况表现出依赖现场的弊端。而且事故并非常态，是在紧急时期或是非常时期发生的。熟悉计算机控制的作业人员尽管可以应对平常的操作，但并不能处理紧

① 三菱化学（株式会社）：《三菱化学鹿岛事业所第2乙烯工厂火灾事故防止再次发生的对策研究情况报告书》，2008年10月，http://www.m-kagaku.co.jp/aboutmcc/RC/pdf/regard/kashima_j03.pdf

急事态，这正是现在我们所面临的实际情况。

关于这一点，日本经济新闻的记者石冢史人指出："过去的石油化学设备就像是赛车，操作人员是赛车手。而现在的设备已经进化成了全自动汽车，操作人员只要掌握自动驾驶的技术就可以了。但是一旦发生事故时，设备就会变成赛车，这样操作人员就无法处理了。"[①]这番话一针见血地指出了现场的问题。

日本过去是通过惩罚与事故直接相关的当事人，警告与其处于同一工作位置的人员，让每个人在作业时都充分注意与小心，以防止事故再次发生。但是，正如日本学术会议对事故调查体制的理想形式所提出的建议一样[②]，"为了调查事故原因，除了技术方面以外，查明人与组织的参与，即人为因素也是必不可缺的。为了探索事故真正的原因，总结防止事故再次发生的教训，如何适当地获得事故当事人的证言是重要的课题"。"处罚扣动事故最后扳机的当事人并不能解决任何问题。不如通过这一当事人获得大量证言，查明为何要扣动最后扳机、为何会陷入不得不扣动最后扳机的事态，从中获得防止同类事故再次发生的教训，这才是与搜查所不同的事故'调查'的作用，这与社会正义也有所关联。"我们应该考虑到这些因素，只有消灭作为事故背景的根本原因，才能防止事故再次发生。

---

① 日本经济新闻电子版《从东苏火灾事故中学习——高功能化下潜藏着经验不足的陷阱》，2012 年 7 月 31 日，http://www.nikkei.com/news/print-article/?R_FLG=0&bf=0&ng=DGXNASDD3005C_Q2A730C1000000&uah=DF250520127872

② 日本学术会议人与工学研究联络委员会安全工学专业会议：《关于事故调查体制的理想形式的建议》，2005 年 6 月 23 日，http://www.caa.go.jp/safety/pdf/1000820kentoukai_3.pdf

今后的安全管理需要以现场有可能出错为前提：①查明导致出错的人为因素；②从开发、设计阶段就采取设备、系统的安全对策，最后即使出错也不会造成致命伤害。

今后的课题是人与机器如何分担工厂设施的操作，其中包括即使最后的决定权由人来决定、在紧急情况下机器也可以自动安全停止等问题。

（2）从“零风险”到“风险基础”

日本社会一直追求“零风险”，但这只是理念目标，而并非可以实现的目标。将所有风险都降低至零无论是从技术层面来看，还是从经营资源层面来看都是非常困难的。无法将风险降低至零即意味着接受“能够容许多少风险存在”的质问。如今日本也像欧美国家一样过渡在“现实可行的目标”下，为了防止重大事故的发生进行风险基础的安全管理、设备管理。

（3）今后安全管理的重点

今后日本安全管理的理想形式可以总结为以下几个方面。

第一，从过去以“零风险”为目标的安全管理，转变为预估、评价风险大小，并且在此基础上按照优先次序实施安全对策——即过渡至防止重大事故的风险基础的安全管理、设备管理。

第二，教育、训练参与现场作业的操作人员固然是重要的工作，同时从开发设计阶段开始就要保证设备与系统在本质上是安全的。也就是说，从设备系统方面采取措施，达到就算作业人员出错也不会引发重大事故的效果。

第三，经营高层要将安全视为企业经营当中最重要的项目之一，采用风险基础的安全管理，同时重视与其相关的设备、系统等技术层面的应对策略，并且亲自带头进行安全管理活动。

也就是说，企业需要认识到花费于安全管理的相关费用并不是成本，而是必要的投资。

0.3 本书的结构

基于以上思路，本书由日常安全管理的重点（第 1 ~ 6 章）与今后的安全管理（第 7 章）构成。

安全管理的书籍主要分为记载现场每天与安全管理相关的实践性内容、从学术立场总结安全管理的理想形式这两种类型。本书可以视为连接两者之间的桥梁，面向的对象是在今后的安全管理中承担重要责任的管理人员、技术人员。

章	内容
第1章　现场安全管理的课题	1.从最近的事故发生情况中看到的安全管理课题 2.劳动灾害发生的背景 3.现场能力的降低与根本原因 4.从最近的事故中看到的背景因素
第2章　安全管理的基础	1.安全管理的基本思路 2.安全的4M(劳动灾害的基本原因) Man, Machine, Media, Management, Mission 3.对策的4E Engineering, Education, Enforcement, Example 4.4M4E分析方法 5.硬件对策与软件对策
第3章　风险评估	1.风险评估的基本程序 2.风险评估的实施情况 3.风险容许 4.使用风险评估的安全卫生对策 5.风险评估的课题
第4章　遵守规定与变更管理	1.为什么会发生不恰当的行为? 2.知识不足 3.技能不足与技能传承 4.变更管理 5.变更管理的计划 6.变更计划中对重要度的判定 7.人为错误对策
第5章　信息的传达	1.由于信息传达不明确而发生事故的情况 2.与信息传达不明确相关的事故事例 3.制造业招标方指针的信息传达体制 4.信息传达方法
第6章　经营高层的职责与责任	1.经营高层的责任 2.贯彻“安全第一” 3.从事安全活动的事例 4.考虑安全的义务
第7章　今后的安全管理	1.日本的安全管理课题 2.日本与欧美的比较 3.风险基础的安全管理 4.风险基础维护) 5.人为条件与物质条件的结合 6.安全文化

甲醇蒸馏塔爆炸事故

在此介绍笔者曾经经历过的甲醇蒸馏塔爆炸事故。

1991 年 6 月，新型表面活性剂的制造工厂将新流程投入工业化生产，在该流程运转了 3 个月时间后发生了爆炸事故。爆炸物质是有机过氧化物甲基过氧化氢（MHP），由于在蒸馏塔停止运转的过程中浓缩至 40% 以上的高浓度，最终引起了爆炸。

MHP 是新型表面活性剂在脱色阶段的微量副产品，通常在中和工序中被分解。事故当天，中和工序的 pH 测量计发生故障，工厂设施在酸性状态下运转了大约 3 小时。因此，MHP 未能被分解就直接供给至蒸馏塔。

在蒸馏塔停止运转的过程中，MHP 由 0.1% 浓缩至 40% 以上的高浓度，引起了爆炸。当时停止运转的操作是来自现场的改善建议。事故的原因和背景因素整理如下。

原因		背景因素
1.有机过氧化物MHP的存在	①不知道MHP的存在就投入工业化生产了 (10年时间的试验性讨论中没有发生过事故)	①缺乏危机意识 ②事先对过氧化氢的相关事故调查不足
2.pH测量计的故障	①没有事先预想到pH测量计发生故障并采取对策	①没有预想到机器、测量仪器出现故障的情况并对其实施风险评估
3. 蒸馏塔停止运转的操作	①为将蒸馏塔内的残留液体分离为甲醇与水而提出改善建议 ②MHP的沸点处于水与甲醇的中间，所以在全部回流时被高度浓缩了	①采用改善建议 (没有变更管理的计划)

其中最重要的一点是不知道MHP的存在就投入工业化生产了。MHP是在新型表面活性剂的脱色阶段的副产品，但是在投入工业化生产以前的分析当中并没有发现其存在。在事故发生之后，相关人员也整整花费了2个月时间才发现MHP，可见通过一般的分析方法难以检测出来。另一方面，由于在试验基地进行了10年时间的讨论都未曾发生过事故，所以负责人判断“这一流程是安全的”，这点过于乐观了。

问题在于“缺乏处理过氧化物的危机意识”。负责人需要事先彻底调查相关的事故事例，并且在开发的各个阶段进行安全审查。

另一方面，即使没有调查也已经生产了3个月时间，这意味着就算有危险物质，只要实施预防机器、测量仪器出现故障的风险评估，在蒸馏塔停止运转的操作中添加检查改善建议的效果的话，也不会导致事故发生。

这里所提出的“风险认识过于乐观”“风险评估”“变更管理”是许多事故共同存在的问题。

第1章

现场安全管理的课题

1.从最近的事故发生情况中看到的安全管理课题	·灾害发生率近年来缓慢减少，最近有停滞的倾向。 ·按规模大小分，中小型规模的车间灾害发生率高。 ·招标企业与相关承包商当中，相关承包商的灾害发生率高。 ·与海外相比，日本的年千人率要低，但死亡灾害发生率和欧洲相同或是稍高。 ·英国的死亡灾害发生率比日本低。
2.劳动灾害发生的背景	·最近的事故与灾害源自作业人员每个人的“危机意识”变得薄弱，以及现场管理能力的降低。 ·过去一旦发生事故，只要提醒作业人员注意，戒除过失与怠慢的行为就能防止灾害。但今后这种管理方法已经不能完全应对所有情况了。
3.现场管理能力的降低与根本原因	·为了应对现场管理能力的降低，在确保作业人员彻底遵守规定与标准的同时，还需要从设备系统方面进行降低风险的安全管理，达到就算作业人员出错也不会引发重大事故的效果。
4.从最近的事故中看到的背景因素	·三菱化学鹿岛事业所的火灾事故 ·东曹南阳事业所的爆炸火灾事故 ·三井化学岩国大竹工厂的爆炸火灾事故

1.1 本章的重点

事故的背景因素包括源自技术上的问题、组织、系统、现场、高层（经营高层以及车间高层）、包括管理部门在内的管理等方面。各大事故的技术性原因有所不同，但多数事故有着共通的背景因素。

一旦发生事故，就有人指责相关人员的疏忽大意和粗心，并训斥道“如果多注意的话就不会发生事故了”。诚然，从发生事故这一结果来看，或许的确是源自人为的疏忽大意和粗心，但是没有人在作业时想主动去疏忽大意和粗心。即便如此还是会发生事故，确保安全的难点正在于此。我们需要查明、辨别潜藏于其背后的背景因素，这便是安全工学的作用。

日本劳动灾害发生率的年千人率为 2。这一数字意味着 100 人规模的车间 10 年平均会发生 2 次事故。由于对每个人来说，事故发生的状态并不是长期持续的，因此会给人带来安全得到确保的错觉。也就是说，作业人员以及企业整体的“危机意识”本身就在下降。

许多事故都拥有共通的背景因素，比如说由于自动化的发展使得工厂设施的内容暗箱化，同时由于拥有熟练技能的技术人员已退休，因此技能没能得到继承等，最终导致现场处理能力降低。

1.2 从最近的事故发生情况中看到的安全管理课题

（1）劳动灾害发生情况

图 1–1 通过全产业的度数率、强度率以及年千人率的变迁反映了日本劳动灾害的发生情况。近年来灾害发生率虽然有减少的倾向，但基本处于停滞状态[①]。

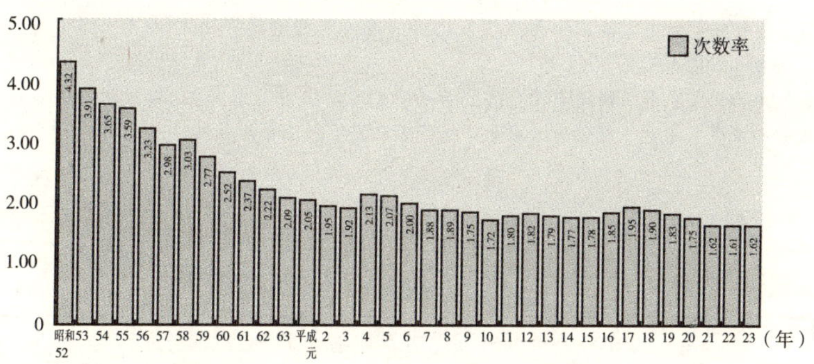

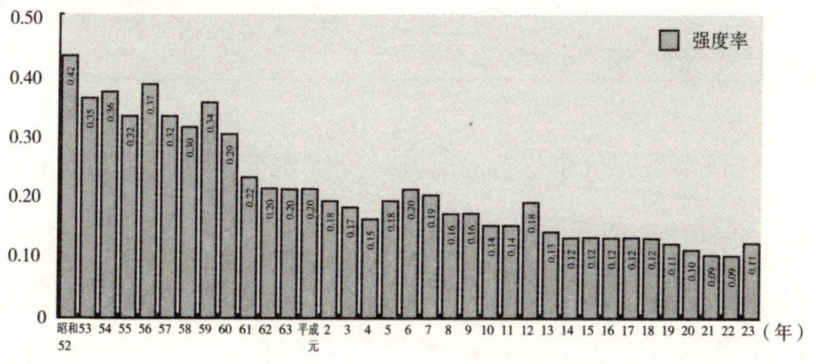

① 中央劳动灾害防止协会编:《2012年度安全的指标》,p.19，中央劳动灾害防止协会（2012）。

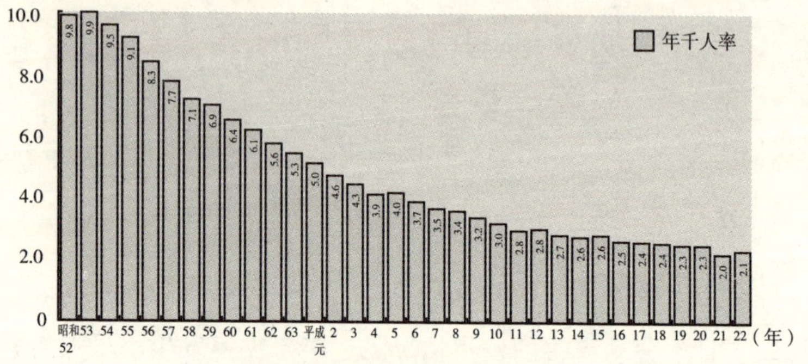

图 1–1　全产业的度数率、强度率以及年千人率的变迁

出处：中央劳动灾害防止协会编：《2012 年度安全的指标 》，p.19，中央劳动灾害防止协会（2012）。

资料来源：度数率、强度率源自厚生劳动省的劳动灾害动向调查。年千人率源自厚生劳动省劳动者灾害补偿保险事业年报、劳动灾害保险补偿数据。

灾害发生率的定义如下所示：

> 度数率：每 100 万劳动时间的劳动灾害中的死伤人数。
>
> 强度率：每 1000 劳动时间的劳动损失天数。
>
> 年千人率：每年每 1000 人中劳动灾害导致的死伤人数。

度数率是评价单位劳动时间的灾害发生件数（灾害发生的频率）的指标，而强度率是评价发生重大灾害（灾害的严重程度）的指数。度数率与年千人率都是对死伤人数进行评价，但是年千人率更能让人切实感受到灾害发生的情况。

就日本与欧美对安全的态度，向殿政男指出，日本“不允许从轻伤到重伤等一切引起人员受伤的事故。因此，必须对所有判断有危险的事项实施安全对策这样的想法根深蒂固”。与其相比，欧美认为“因为无法杜绝所有危险，所以就算发生导致轻伤的事故也是无可奈何的事情。但是，他们认为绝对不能引发重大灾害”[①]，如上所述，日本重视度数率，而欧美重视强度率。

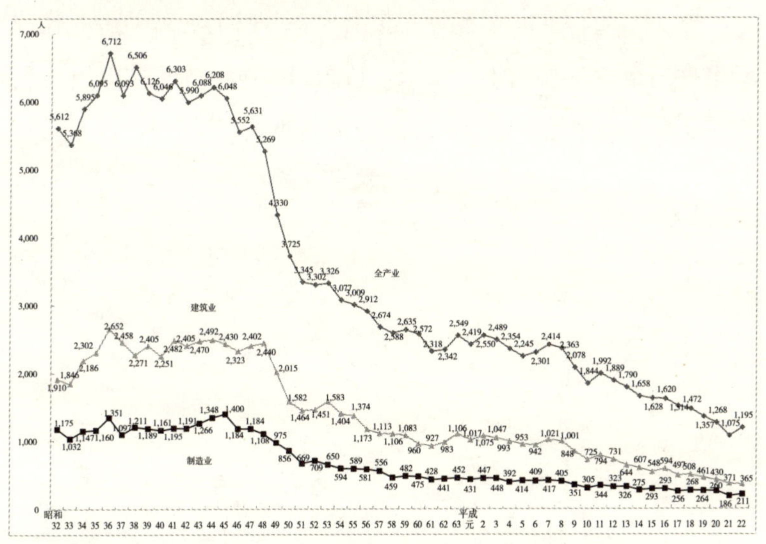

图 1–2　日本劳动灾害死亡人数的变迁

出处：厚生劳动省劳动基准局安全卫生部：《关于 2010 年死亡灾害、重大灾害发生状况等》，2011 年 5 月，http://www.mhlw.go.jp/stf/houdou/2r9852000001co7w.html

图 1–2 表示了日本全产业、建筑业、制造业中因劳动灾害死亡人数的变迁情况。

死亡人数由昭和 40 年代（1965—1974 年）的每年 6000~7000 人，到昭和 50 年代（1975—1984 年）急剧减少为

① 向殿政男：《国际化时代的机械系统安全技术》，p.78，日刊工业新闻社（2000）。

3000人。之后死亡人数逐渐减少，近年来降至全产业每年约1100人，建筑业每年约400人，制造业每年约200人。死亡人数急剧减少是因为受到了1972年实施的《劳动安全卫生法》（《劳安法》）的影响。

另一方面，重大灾害（一次出现3名以上的劳动者死伤或者患病的事故）如图1–3所示，从昭和60年（1985年）以后，全产业有轻微增加的倾向，建筑业、制造业基本持平。

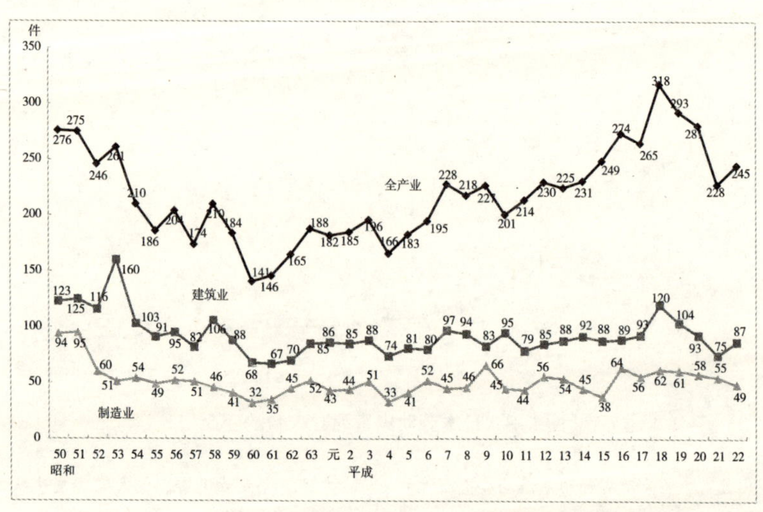

图1–3　重大灾害发生情况的变迁

出处：厚生劳动省劳动基准局安全卫生部：《关于2010年死亡灾害、重大灾害发生状况等》，2011年5月，http://www.mhlw.go.jp/stf/houdou/2r9852000001co7w.html

（2）车间的安全对策实施事项

图1–4表示了从1965年到最近的休业度数率的变迁以及其

间车间中安全管理活动的实施事项。

日本的安全管理活动的实施事项大致可以分为 4 个阶段：

第一阶段，是通过实施《劳动安全卫生法》(《劳安法》)调整了各车间的安全卫生管理体制。日本在劳安法的基础上规定了根据车间的行业和规模，决定安全卫生管理体制、管理负责人和责任人，使责任明确化。此外还制订了安全卫生管理规程和安全卫生计划。《劳安法》的概要如下所示：

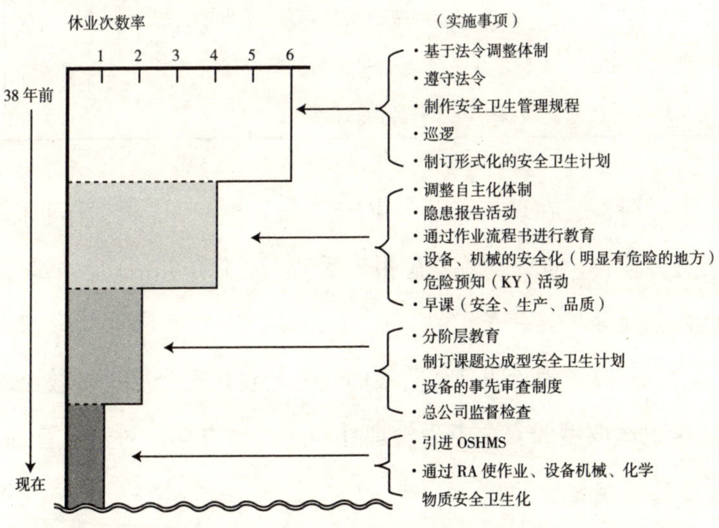

※该图显示了从 38 年前《劳动安全卫生法》实施（1972 年）到现在的休业次数率，以及致力于安全卫生工作的车间积极实施的事项。

※休业次数率是将各实施事项开始后一定区间内的平均次数率进行模型化计算后得出的数据，并非准确值。

图 1–4　休业度数率与车间的实施事项

出处：中灾防管理系统审查中心：《OSHMS 的引进效果——以问卷调查结果为基础》，安全与健康，Vol.61，No.8，p.20（2010）。

《劳动安全卫生法》

第二次世界大战后，日本经济得到急速复兴，其背景是通过技术革新引进大型机械设备、新的生产系统以及新的原材料。结果，由于生产体制与工作岗位环境的变化导致劳动灾害增加，过去的劳动基准法无法完全应对这一情况。于是1969年日本成立了“劳动基准法研究会”，该机构为了防止劳动灾害而研究了各个国家的法律法规信息，并且总结了“安全卫生关系研究会报告”，1972年制定并颁布了《劳动安全卫生法》。

《劳动安全卫生法》的目的有两点，一是在工作岗位中“确保劳动者的安全与健康”，二是“促进形成舒适的岗位环境”。为了达到这一目的，该法律规定企业有义务制定安全卫生管理体制，同时还有义务为防止劳动者遇到危险或是健康受到损害而采取具体的措施。

第二阶段，在现场展开自主的安全卫生活动。根据作业标准书进行教育，同时实施隐患报告活动、危险预知活动、早课、工具箱会议等。

第三阶段，为了明确各阶段的任务与责任，分层进行教育，制订课题达成型的安全卫生管理计划。另一方面，对安全管理活动实施监督检查。

第四阶段，引进劳动安全卫生管理系统（Occupational Safety and Health Management Systems : OSHMS），在风险评估（Risk Assessment）的基础上致力于降低风险。仅凭持续第二阶段、第三阶段的安全管理活动只能有限地减少灾害发生，所以我们需要寻找出现状中潜在的危险源（风险），事先采取降低风险的对策，以及在安全管理活动中采用PDCA周期（plan-do-check-act cycle），这样不仅可以防患于未然，而且可以实施持续改善的安全管理活动。

（3）车间的规模与劳动灾害发生情况

表 1–1 以度数率、图 1–5 以年千人率根据车间的规模比较了劳动灾害的发生情况。从中可以得知 30~99 人规模的车间其灾害发生率（度数率）得到了一定改善，但与 500 人以上的大规模车间相比，数值还是很高。

全产业、制造业的灾害发生率（年千人率）都以 300 人规模为界表现出不同的情况。尤其是制造业的差距极大，劳动者人数在 10~29 人规模的车间的年千人率是 300 人以上的大规模车间年千人率的 5 倍。

表 1–1　制造业中依据车间规模的灾害度数率

规模	度数率(2002 年)	度数率(2010 年)
30~99 人	(30~49 人) 4.05 (50~99 人) 3.19	2.45
100~299 人	1.58	1.52
300~499 人	0.93	0.94
500~999 人	0.49	0.58
1000 人以上	0.25	0.26

出处：笔者在中央劳动灾害防止协会：《2012 年度安全的指标》，p.104（2012）的数据上加上 2002 年的数据为基础制作而成。

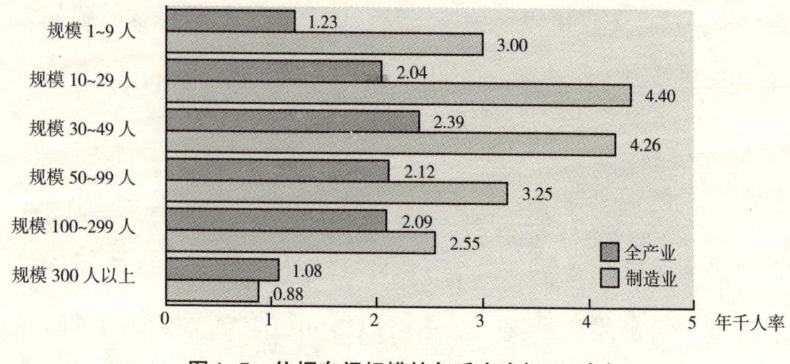

图 1-5　依据车间规模的年千人率(2010 年)

出处：中央劳动灾害防止协会：《2012 年度安全的指标》，p.27（2012）。
资料来源：2009 年经济科学基础调查（总务省统计局）、根据劳动者死伤病报告计算。

（4）招标企业与相关承包商的灾害发生情况

制造业中的业务外包一直在增加，根据日本厚生劳动省的调查，承包商的劳动灾害发生率（年千人率）为 11.32，大约是招标企业的 2 倍。厚生劳动省为了改善这一情况，在 2006 年制定了《制造业中招标企业的综合安全卫生管理指针（制造业招标方指针）》。

订购业务的母公司相当于招标企业，承包公司、合作公司相当于相关承包商。制造业招标方指针中记载道："相关承包商很多时候分担了设备修理、产品搬运等有害性高的作业，而且由于其作业场所在招标企业的车间内部，所以仅凭相关承包商的主动努力并不能取得较好的防止灾害的效果，因此，（中略）由招标企业确立包括相关承包商在内的整个车间的安全卫生管理。”即要求招标企业实施以作业间的联络与协调为首的综合性安全管理（参照第5章）[①]。

招标企业与相关承包商、同一场所的定义如下：

招标企业：将“同一场所”工作的一部分交给承包商的人。

如果有多个承包工作合同的话，则指最开始的发包商。具体来说，招标企业是指在执行业务时拥有责任与权限的制造公司。

只不过，如果将所有工作都交给建筑公司，自己不负责任何工作的情况除外。在该情况下，将所有工作发包的建筑公司则为特定招标企业。

相关承包商：与招标企业在“同一场所”开展的工作分为数次承包合同时，指的是该承包合同下的所有承包当事人。

具体来说，包括接受工程委托的总承包商在内的承包商、下级承包商都是相关承包商。

同一场所：是指承包合同中的多个业务的工作前后混在一起进行的作业场所。

图1-6表示了加入日本化学工业协会的化学公司中的招标企业（母公司）与相关承包商（合作公司）的灾害发生率（度数率与强度率）的变迁。合作公司的度数率、强度率都比母公司要高。母公司与合作公司的强度率之差比度数率之差更大，合作公司的强度率约为母公司的5倍。因此，可以解释为合作公司从事危险度更高的作业。

① 厚生劳动省劳动基准局：《关于制造业中招标企业的综合安全卫生管理指针》，2006年8月1日，http://www.jaish.gr.jp/anzen/hor/hombun/hor1-47/hor1-47-40-1-0.htm

汽车制造业也是一样，比较两者在2008年的灾害发生率（年千人率）时，招标企业为3.6，而相关承包商为4.79[①]。

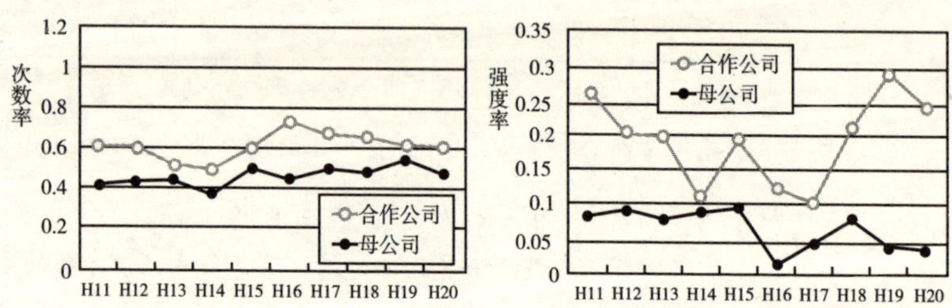

图1-6 化学公司(母公司)与合作公司的灾害发生情况

出处：笔者根据厚生劳动省中央劳动灾害防止协会:《化学工业中招标企业与相关承包商的安全卫生管理手册》（2011年2月）为基础，使用加入日本化学工业协会的母公司、合作公司的数据为基础制作而成。

（5）日本与欧美的劳动灾害发生情况比较

中央劳动灾害防止协会将日本与欧美各国的劳动灾害发生情况的比较结果总结如表1-2所示。在休业4天以上的灾害率（千人率）的比较当中，日本比欧美低了约十分之一，情况良好。然而，比较死亡灾害率时，日本与欧美几乎持平，比英国、荷兰等国家的数值要高。

这一差距源自日本的安全管理活动以零事故发生为目标，其目标为灾害发生件数（度数率），而欧美的安全管理活动无法处理所有的风险，其目标为不要发生死亡事故之类的重大事故。

① 厚生劳动省中央劳动灾害防止协会:《汽车制造业中招标企业与相关承包商的安全卫生管理标准手册》，p.25（2011年12月）。

在思考今后日本的安全管理的理想形式时，可以参考这一结果（参照第 7 章）。

表 1-2　日本与欧美各国的劳动灾害比较(2006)

	死亡灾害率(10 万人率)	休业 4 天以上的灾害率(千人率)
日本	2.1	2.4
美国	2.3	44
EU 平均	2.5	30.1
英国	1.3	11.4
瑞典	1.5	10.9
荷兰	1.7	28.3
德国	2.1	32.8
法国	3.4	40.2

出处：笔者根据中央劳动灾害防止协会:《海外的劳动安全卫生统计——EU 境内、日美灾害比较修改信息（2006）》，http://www.jisha.or.jp/international/statistics/200908_02.html 的数据为基础制作而成。

（6）与英国的比较

英国的劳动灾害发生率在欧洲是最低的。表 1-3 是英国与日本的灾害发生情况的比较，根据这一统计，英国的受害者人数（千人率）、死亡灾害率（10 万人率）都要比日本低，尤其是死亡灾害率低至日本的四分之一。

表 1-3 英国与日本的劳动灾害情况

	日本		英国	
调查年	1996	2005	1995	2005
雇用者人数(万人)	5322	5500	2235	2960
劳灾件数(万件)	62.0	55.2	15.0	12.2
死亡者人数(人)	2363	1514	233	172
受害者人数率(千人率)	11.6	10.0	6.7	4.11
死亡灾害率(10万人率)	4.4	2.75	1.0	0.58

出处：笔者根据 "Yearbook of Labour Statistics", ILO, National Statistics publication 的数据为基础制作而成。

英国劳动灾害低的理由有以下几点：①获取安全卫生资格者需要拥有专业能力，必须学完最少 87 小时以上的讲座，并且在结业考试中合格（日本：《劳安法》修改后，安全管理人员有参加培训的义务）。②从 1974 年开始过渡为自主的安全卫生管理体制。③纵向分布在各省厅的行政机关统一合并于英国健康与安全执行局（Health and Safety Executive : HSE）。④ 5 名职工以上的车间有实施风险评估的义务[①]。

（7）日本的劳动灾害发生情况

日本的灾害发生情况可总结为表 1-4。

① 英国的安全卫生教育的状况，www.d4.dion.ne.jp/ ~ yano5/egiriu.pdf

表1-4　日本的灾害发生情况的总结

1. 日本的灾害发生率有所减少，但近年来处于平稳状态
2. 灾害发生情况根据车间规模来看，小规模车间灾害发生率要比大规模车间高
3. 招标企业与相关承包商相比，相关承包商的灾害发生率高
4. 日本的劳动灾害和欧美各国相比，休业4天以上的灾害发生率要小，但死亡灾害率几乎处于同一水平
5. 与英国相比，尤其是英国的死亡灾害发生率比日本要低

1.3 劳动灾害发生的背景

日本经济产业省对参加产业联络会的企业实施了“产业事故的相关问卷调查”，其中指出企业中以下3大事项是与事故发生相关的主要原因：①拥有安保技能的人才减少；②现场安保技能降低；③使用设备的高龄化。此外，将近20%的企业担心削减成本会使事故发生的风险浮出表面[①]。

图1-7是笔者根据上述问卷调查的结果将事故发生的背景整理出的结果。人事、技术、教育方面的课题主要集中于拥有技能、熟悉设备的人才不足。再加上设备的高龄化、维护部门缩减等设备方面的影响，导致“不知道哪儿有危险”“设备出现问题的风险增加”以及“（现场的）处理能力降低”等结果。

① 经济产业省制造产业局：《关于与产业事故的相关问卷调查》，2004年8月，www.meti.go.jp/gather/downloadfiles/g40831b20j.pdf

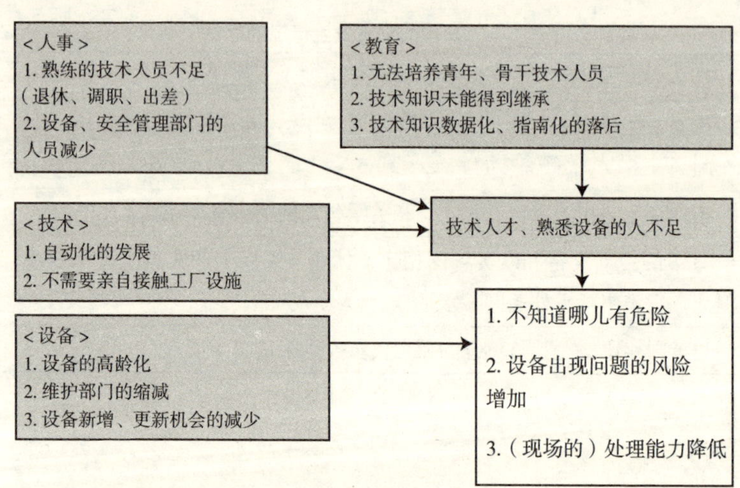

图1–7　事故的背景

厚生劳动省为了掌握企业安全管理的实际情况，实施了“大规模制造单位中与安全管理相关的自主检查”。笔者在其结果的基础上，将灾害发生率低的工作岗位的特点总结于表 1–5。

表 1–5 灾害发生率低的工作岗位的特点

项目	备考
1.单位高层积极实施安全管理活动	参照图 1–8
2.拥有充足的安全管理负责人员，能够维持员工的知识经验	参照表 1–6
3.安全管理有充足的必要经费	参照表 1–6
4.与承包商等合作公司经常进行协作与信息交换	参照第 5 章
5. 评价设备、作业的危险性大小（风险评估）	参照图 1–9

出处：笔者根据厚生劳动省劳动基准局：《关于大规模制造单位中与安全管理相关的自主检查结果》，2004 年 2 月 17 日，http://www.mhlw.go.jp/topics/2004/02/tp0217−1.html 的内容为基础制作而成。

（1）单位高层的安全管理活动

厚生劳动省在该报告书中最着重强调的是单位高层积极参加安全管理活动的重要性。单位高层的安全管理活动的实施项目数与灾害发生率（千人率）的关系如图 1–8 所示。单位高层的安全管理活动有：①积极参与制订每年的安全管理活动计划；②将与安全相关的想法积极地告知车间内的员工；③浏览消除、降低危险因素的计划内容，并亲自做出必要判断，如决定优先次序等；④除了出席法定的安全委员会以外，寻找机会直接听取现场的声音等项目。

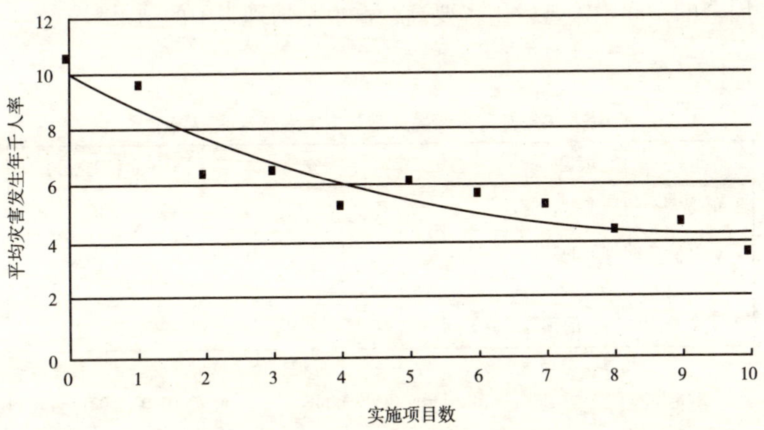

图 1–8　单位高层主动进行的安全管理活动的项目数量与灾害发生率

出处：厚生劳动省劳动基准局：《关于大规模制造单位中与安全管理相关的自主检查结果》，2004 年 2 月 17 日，http://www.mhlw.go.jp/topics/2004/02/tp0217−1.html

（2）经营资源的分配与灾害发生率

日本劳动安全卫生法第10条规定，一定规模以上的车间需要任命对实际业务进行综合管理的人为“综合安全卫生管理人员”，该管理人员需要指挥安全管理人员、卫生管理人员，同时还需要综合管理防止劳动者发生危险或是健康受到损害的措施等业务。也就是说，“综合安全卫生管理人员”就是车间的高层领导。

笔者将综合安全卫生管理人员是否充分考虑到车间中负责安全的员工的充足情况以及预算分配情况与灾害发生率（千人率）的关系概括为表1-6。单位高层对经营资源的分配考虑得不周全的车间中灾害发生率要高，这也是情理当中的结果。

表1-6 经营资源的分配与灾害发生率(千人率)

项目	充足	不足(不充分)
1.负责安全的员工是否充足	4.51	8.9
2.负责安全的员工的知识、经验是否充足	4.19	8.5
3.安全管理所需要的预算是否充足	4.6	9.47

出处：笔者根据厚生劳动省劳动基准局:《关于大规模制造单位中与安全管理相关的自主检查结果》，2004年2月17日，http://www.mhlw.go.jp/topics/2004/02/tp0217-1.html的数据制作而成。

（3）招标企业与相关承包商的合作情况

招标企业如何向合作公司通知信息是非常重要的一点。在灾害发生率高的岗位，招标企业与合作公司的协作不够充分。通过文件通知，并且在现场再次确认内容的车间中灾害发生率低，而只通过口头告知的车间中灾害发生率高（参照第 5 章）[①]。

制造业招标方指针规定，招标企业需要对包括相关承包商在内的整个车间进行一元化的包括联络与协调等安全管理活动的综合安全管理，招标企业还需要对招标企业与相关承包商、相关承包商相互之间进行联络与协调。

（4）对设备、作业的危险因素进行风险评价的实施情况

降低工作岗位的设备与作业的危险因素是一项重要的工作。因此，日本在 2006 年修改《劳动安全卫生法》，将实施风险评估作为努力义务（日本法律中的“努力义务”是指规定必须努力进行某一事项，但违反时并不受到惩罚或是其他法律制裁的义务——译者注）。风险评估的重点之一是筛选出危险源。如图 1–9 所示，在灾害发生率高的岗位，对危险源的筛选、危险预知活动信息、公司以外的灾害信息、机械综合安全标准的应用、厂商提供的危险因素的相关信息等进行有效利用的比例较低（参照第 3 章）。

---

① 厚生劳动省劳动基准局:《关于大规模制造单位中与安全管理相关的自主检查结果》，2004 年 2 月 17 日，http://www.mhlw.go.jp/topics/2004/02/tp0217-1.html

如图 1-9 所示，在调查的车间当中，第 1 五分位是指灾害发生率低的五分之一的车间，第 5 五分位是指灾害发生率高的五分之一的车间。由此可见灾害发生率低的车间有效地利用了这些信息资源。

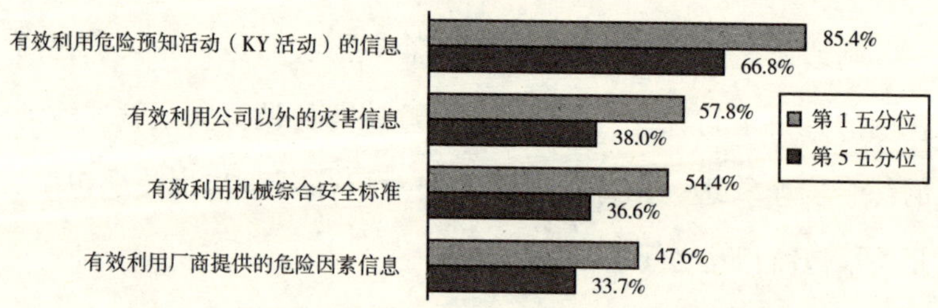

图 1-9　在筛选设备、作业的危险因素时有效利用的信息资源

出处：厚生劳动省劳动基准局：《关于大规模制造单位中与安全管理相关的自主检查结果》，2004 年 2 月，http://www.mhlw.go.jp/topics/2004/02/tp0217-1.html

（5）劳动安全卫生管理系统（OSHMS）的引进与灾害发生率

如图 1-10 所示，中央劳动灾害防止协会的问卷调查结果显示，引进了 OSHMS 或是正在构建这一系统的车间比起未实施的车间，其休业灾害的年千人率要低 50% 以上（参照本书附录中的《法令与指针的相关解说》）。

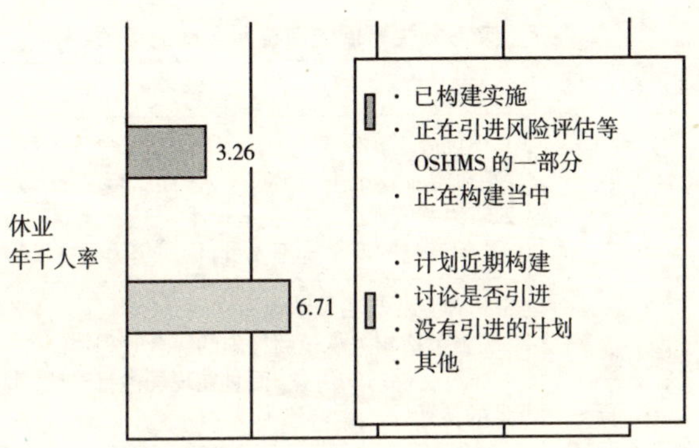

图 1-10 OSHMS 的引进与灾害发生率(2008 年，年千人率)

出处：中灾防管理系统审查中心：《OSHMS 引进效果——根据问卷调查的结果》，安全与健康，Vol.11，No.8，p.17（2010）。

（6）灾害发生率低的岗位所实施的事项

现场处理能力的降低构成了劳动灾害发生的原因。那么，面对现场处理能力降低的现状，经营高层、单位高层以及安全管理人员如何进行安全管理活动则成为了重要的问题。笔者将这些项目整理于表 1–7。

然而，在持续进行这些活动的另一方面，中央劳动灾害防止协会在《2012 年度安全的指标》① 一书中指出，可以看出人们因为劳动灾害的减少出现感知迟钝的倾向，而且安全卫生活动有以下几个问题：

① 中央劳动灾害防止协会：《2012 年度安全的指标》，p.35（2012）。

表1-7 灾害发生率低的岗位所实施的事项

项目	内容
1.经营高层的责任	1.单位高层积极参与安全管理活动,带头示范 审批等工作也不交给负责人,而由自己亲自过目决定 2.将经营资源分配给安全管理 分配充足的安全管理人员,同时努力维持其知识经验
2.信息传达与沟通	3.招标企业与相关承包商之间充分沟通 实施包括相关承包商在内的综合管理体制 4.通过文件通知信息,而且在现场进行确认,彻底保证信息的传达
3.防范风险于未然(风险评估)	5.努力掌握设备、作业的风险因素,通过危险预知、公司以外的灾害事例、厂商提供的危险因素信息的获取、机械的总体安全标准的应用等,努力防范风险于未然 6.引进劳动安全卫生管理系统

①在现场，安全活动很容易全部交由负责人承担，或是安全活动成为灾害发生之后的事后对策，而且这一对策仅仅只限于某一个场合，因此安全管理有种陷入僵局的感觉。

②由于熟练的负责人退休，其技术知识得不到继承，因此存在担任安全管理的人才不足的风险。

③伴随着产业的高度化发展，风险因素也变得多样化，因此安全卫生活动无法充分应对风险因素。

1.4 现场管理能力的降低与根本原因

以前发生灾害时，日本人采取的对策是加强管理体制、强化规章制度，同时进行教育训练，然而今后需要以现场的处理能力正在降低为前提进行安全管理。

作业人员的教育训练自然是很重要的工作，但是为了适应现场处理能力的降低，需要从设备、系统层面尽可能地减少风险，即需要"防范事故于未然的安全管理"。

"危机意识"薄弱构成了人们的认识问题之一。在管理的问题上，需要人们彻底遵守规定或标准，并对规定或标准的变更进行合理地管理。

(1) 现场危机感薄弱

安全管理的第一个重点是应对"危机感薄弱"的对策。

一旦发生事故后，人就会聚精会神地进行作业，相应的灾害也会减少。然而劳动灾害发生率降低时，由于人们身边并没有发生事故，所以人们往往容易认为现在的安全管理状态就已经很好了，对安全的关注也随之变得薄弱。

让我们来思考一下 500 人规模的车间的灾害发生率（度数率）的意义。正如表 1–1 所示，度数率曾经达到了 4.05，但现在已经降低至 0.5。每名劳动者的每年劳动时间约为 2000 小时（7.5 小时 ×22 天 ×12 月 =1980 小时）。因为是 500 人的车间，所以车间 1 年的总劳动时间约为 100 万小时（2000 小时 ×500 人）。

度数率是平均每 100 万劳动时间内劳动灾害中的死伤者人

数，因此过去1年间有5名死伤者，而现在已经降低至每年0.5人。

如果是50人规模的车间，大约需要10年才能达到100万小时的劳动时间。如表1-1所示，其度数率高达2.45，但这也仅意味着1年间出现0.245名死伤者。

这样考虑的话，许多单位最近1年都没有出现死伤者，因此通过发生灾害来唤起人们注意力的方法不能使人们一直拥有紧张感。其结果导致作业人员的危机意识薄弱，过分相信整个车间的安全已经得到确保，即危机感变得薄弱。

厚生劳动省安全卫生部总结的《安全管理人员实务必携》[①]一书中记载道："'向灾害学习'的时代即将成为过去式了。该方法曾经可以有效地事先把握与灾害相关的隐患等灾害的征兆并采取措施，但最近已经达不到这一效果了。""有计划地实施危险性的事先评价、并事先消除或是降低潜在的危险因素是十分重要的工作。"

如前所述，解决危机意识薄弱这一问题最重要的是有效地实施风险评估，同时培养每个人"与危险相关的感受"。

（2）怎样培养"与危险相关的感受"？

人如果认识到"危险"的话就会事先准备好，但相反的，

① 厚生劳动省安全卫生部安全课编：《安全管理人员实务必携第2版》，p.70，中央劳动灾害防止协会（2004）。

如果认识不到“危险”的话就不会进行准备。我们并非与生俱来有感知危险的本能，而是遇到危险的事情之后才知道害怕。但是，最近随着工厂设施运行向自动化发展，人们极少有机会亲自遇到危险，所以难以培养“对危险的感受”。

因此我们可以采取以下的措施，即彻底研究过去类似的事故事例，培养经常思考“今后要进行的作业潜藏着怎样的危险”的习惯。

笔者相信，人们通过自觉地持续进行以下这两件事情，就可以培养出“与危险相关的感受”。在体验危险的机会大为降低的今时今日，这一方法是最为有效的方法。

培养与危险相关的感受的重点

①从过去的事例中学习。

②经常实践危险预知。

从过去的事例中学习

过去的事故事例是培养对危险的感受的宝贵资料。很多时候，现在发生的事故与过去的事故或是其他单位曾经发生的事故非常相似。中尾政之分析了失败知识数据库中登载的 1136 件事故事例的失败原因。笔者在此基础上将失败原因整理为表 1-8。该表为一个事故事例选择了若干个事故原因，所以比例合计超过了 100%。

其中反映出了以下两大重点：

①因未知（发生未知现象或是异常事态）而发生的事故不超过整体的4%，剩下96%的事故都是过去曾经发生过的事故的重现。换言之，只要彻底进行事先调查，几乎有可能避免所有的事故。

② 94%的事故都是源自技术人员所判断的技术性原因。

这些结果表明了就算经验不足，只要彻底进行事先调查便能事先得知有哪些风险，同时技术人员对技术性原因的判断极其重要。

表1–8　失败原因的分析

大分类	比例(%)	分　类	比例(%)
1. 技术人员个人判断的技术性原因	94	调查、讨论不足(事先讨论不足、假想演习不足)	39
		无知(知识不足)	26
		判断错误	16
		对环境变化缺乏良好的处理	8
		未知(发生未知现象、发生异常事态)	4
2. 属于个人的人为原因	41	疏忽大意	33
		不遵守程序(无视程序)	8
3. 组织的原因	73	缺乏良好的组织运营	30
		缺乏良好的价值观(安全意识)	37
		缺乏良好的企划	5

出处：笔者根据中尾政之：《向历史学习失败学》，素形材，48卷，8号，pp.34–38(2007)的图1为基础制作而成。

危险预知

人能够在一定程度上处理事先考虑过的事情以及过去经历过的事情，但无法立刻处理第一次遇到的事情。也就是说，在开始作业之前应当养成讨论“这里有什么危险”的习惯（危险预知），并且保持这一习惯可以培养对风险的感受性。

长年在现场指导安全活动的古贺良男指出：“这个世界基本上只存在‘危险’，我们所谓的安全可以说是‘判断为没有超过容许限度的危险’。”“从事与安全相关工作的人要时刻谨记‘没有安全这回事’，时刻从危险的方面来考虑事情，锻炼自己判断危险的能力。”这是进行危险预知的基本思路[①]。

提出危险预知一说的中村昌弘指出：“如果在现场工作的管理人员注意到平时现场的实际情况，并且洞察到其中潜藏的危险的话，可以说事故都是可以防患于未然的。平时在现场巡视时需要思考‘设备与机械在怎样运行？大雨或强风等有可能会使环境出现怎样的异常状态？在这一运行与环境的变化过程中，将人会出错视为前提条件，那么他们有可能会出现哪些错误？化学物质和危险物品有可能会在什么时候发生怎样的异常？有可能会导致哪些危险有害环境？’并且洞察其中的潜在危险，这是十分重要的。”[②]

古贺与中村两人所强调的是，人在工作时需要认识到“人

---

① 古贺良男：《安全负责的实践学》，pp.2–5，中央劳动灾害防止协会（2000 年）。
② 中村昌弘：《磨练危险感受性》，p.4，中央劳动灾害防止协会（2009）。

所制造的东西是不完美的，其中必然潜藏着危险。没有什么东西是安全的”，这一点是至关重要的。这种认识可以培养人们对潜在危险的感性认识，并与预防灾害的问题密切相关（关于危险预知的实施方法，参照第2章）。

（3）只要根据规定操作，就不会发生事故

许多事故与灾害都是因为人们不遵守岗位的标准或规定才发生的。规定与标准是通过现场的操作、经验，对危险的地方进行重新评价所确立的。也就是说，规定对单位来说是宝贵的财产，基本上只要遵守规定的话，就不会发生事故。

规定得不到遵守的背景有以下几点：①作业人员不能理解、领会规定的必要性以及制定规定的背景；②对违反规定的行为惩罚不够严厉；③作业人员与监督人员都管理不严。

对规定的理解

最近的事故报告书中常常可以看到“人们对规定、标准采取抄捷径或是省略的行为，不能很好地理解规定、标准”这样的记载。这意味着作业人员不能很好地理解制定规定、标准的背景与必要性，因此有必要“给予作业人员思考为何要制定这一规定、标准的机会”。

各大公司都在积极进行“Know Why”教育，笔者想介绍其中的一则典型事例，即住友化学的“零灾害讨论工作组的安全

对策”。

住友化学“零灾害讨论工作组的安全对策”

（筛选出的主要问题与对策）

（1）本公司的安全基本理念是“将安全视为所有事项中最优先的事项”，但这一理念是否渗透至所有员工？

对策：在社长所提倡的《关于安全、环境、质量的基本方针》中穿插安全的基本理念，同时制作口袋大小的卡片，让员工随身携带，以便可以随时参照其中的内容。

（2）灾害很多时候是“发生在认为不危险的地方”。是不是员工对危险的感受性降低了呢？

对策：为了防止危险预知活动（KY）停留于形式化而进行再教育（四回合 KY、瞬间 KY、叮嘱型 KY 等），同时开始体验型、视觉型安全教育。

（3）在分析隐患等内容时，发现了一些对规定、标准走捷径或是省略等违规行为。是不是有人不知道规定、标准？

对策：关于规定、标准，召集大家定期讨论其背景、必要性，使所有人员都能理解、领会其内容。此外，通过职责分工实施“询问、打听式巡视”，实施每天确认标准、掌握员工的遵守情况等方面的活动。

（4）调查已发生的灾害时，发现不少灾害都与其他单位曾经发生的灾害或是过去的灾害非常相似。

对策：将全部单位曾经发生的灾害内容作为电子信息存入数据库当中，用于所有员工都能参照的防止事故复发的教育。此外，从过去的灾害中获得知识见解，以此为基础实施体验型、视觉型安全教育。

（5）每个人有大量的作业量，其对作业内容是否掌握得不够充分？（很多时候等发生灾害之后才发现“以前是用这种方法在作业吗”）

对策：管理监督人员或其他作业人员进行作业观察，抽取作业人员本人未能注意到的危险并实施对策。

看到员工对标准手册采取走捷径或是省略的行为，我们往往想要在其中详述制定标准手册的背景与原因、熟练技术人员所拥有的心得体会等大量内容，但这样的话会导致标准手册过厚，反而不方便人们阅读。

解决这一问题的方法之一是同时采用作业用的标准手册与教育用的标准手册。作业用的标准手册中记载要点，使作业程序清晰易懂，而教育用的标准手册中则记载背景与选择标准的原因，可用于职场教育等方面。

兼顾遵守规定与改善活动

对遵守规定的贯彻有可能难以兼顾到改善活动的推进，而后者正是支撑着日本制造现场的技术力量。

在欧美国家，作业标准是由优秀的技术人员制定的，作业人员根据制定的作业标准进行作业。日本也有作业标准，不过同时一直对改善制造现场与提高制造现场的效率进行奖励。以改善活动为代表的现场的努力是蜚声全球的生产技术力。

然而近年来，像JCO临界事故一样，现场认为“很好”而进行实施的改善建议适得其反的事例频频出现。一般认为这是因为过去现场拥有判断改善建议好坏的能力，而如今这一能力已经降低，人们无法判断是否可以实施改善活动。

为了防止事故，彻底遵守规定是十分重要的，但是这有可能摘掉了改善活动的萌芽，所以如何兼顾两者则成为了现在所面临的课题。解决方法是将改善建议视为变更管理的对象，由专家加入对改善建议的审议，通过变更手续之后再投入实施的标准化操作（参照第 4 章）。

为了使劳动者彻底遵守规定，美国职业安全与健康管理局（Occupational Safety and Health Administration：OSHA）规定劳动者有责任与义务遵守职业安全卫生法制定的所有标准、章则、规定、命令。日本社会今后也应该严格执行。

1.5 从最近的事故中看到的背景因素

笔者以最近发生的事故的事故报告书为基础，将事故的背景因素与课题整理为表 1-9。这些都是化学工厂设施的事故，但列举的课题不仅仅局限于化学产业，而是许多产业的制造现场共同面临的课题。安全负责人不应该将这些课题视为其他产业的课题，而应该确认类似的现象在各大产业中的情况，因为这是安全负责人的职责。

笔者参考了三菱化学鹿岛事业所的火灾事故、东曹南阳事业所的爆炸火灾事故、三井化学岩国大竹工厂的爆炸火灾事故的事故报告书。

表1-9　事故的背景与课题

事故的背景		课题
1.经营高层	·安全第一的观念没有渗透至组织内部 ·安全保障对策有所松懈	①经营高层反复向员工强调致力于安全的坚定决心与安全是最优先的事项 ②在高层的领导力的基础上，推进加强安全保障的对策
2.现场管理	·课长、股长的业务负担过重 ·现场无法良好地处理非固定作业、紧急事态	①重新评价课长、股长的业务负担，调整其职责 ②在单位主任的领导下，单位管理部门、设备管理部门、技术人员参加现场安全保障活动的策划(不将安全保障活动全部交给现场) ③认真地致力于制造现场面临的课题
	·不遵守规定	①将作业应该参照之处制定为明确的规定(尤其是设计思想、操作条件的根据) ②设定联锁的解除条件
	·风险评估不周	①重新评价非固定作业的危险性 ②非固定作业的危险预知(KY) ③包括合作公司在内的风险评估的实施
	·变更管理不周	①构建管理变更、追加的计划 ②变更管理系统的选定标准
3.人才培养、教育	·对危险的感受性降低	①培养察觉潜藏于现场的危险的能力 ②为培养自己思考的习惯而进行KY活动
	·设计思想、操作条件、设定依据没有得到理解	①对员工、操作人员进行Know-Why教育 ·工厂设施的设计思想 ·设定操作条件的根据 ·设定联锁的根据 ②熟练人员约定俗成的技术的继承 ③促进流程设计者与制造现场等部门之间的人事交流
	·没有应对异常、紧急事态的人才	①对员工、操作人员的教育与训练：对异常、紧急事态的应对能力与应用能力 ②流程异常预知训练
	·制造现场、技术人员的基础知识不足	①事例(如果是化学工厂设施的话) 爆发火灾的基本知识 化学工厂设施的危险性(发热量与散热量之间的平衡)
4.安全文化	·安全最优先的观念没有扎根	①各阶层的职责与责任所在的明确化 ②流水线组长掌握自己岗位的弱点并加以改善

(1) 三菱化学鹿岛事业所的火灾事故

三菱化学以鹿岛、黑崎、水岛、四日市 4 家事业所的比较为基础，分析了事故的根本原因（Root cause analysis：RCA），如表 1-10 所示，将 5 个事项总结为可以持续提高安全性的“理想形式”。

表 1-10　为了持续提高安全性的 5 个事项

1. 任务、责任与评价之间保持平衡	· 明确各职位的相应责任与权限，同时反映于人事考核等的评价当中
2. 做到适当地重新审核业务内容	· 定期掌握各职位的人员承担的业务范围与处理量，为了维持其对业务内容的理解，根据需要进行对话、重新审核、改善
3. 维持适用于现实的规章体系	· 在逻辑化的规章体系的基础上，将作业时需要参照的地方制定为明确的规定，构建管理变更、追加的体系
4. 培养安全感受性高的人才	· 制造部门领导的职责不仅是生产与安全保障等管理业务，而且要将培养下一代人才视为最重要的任务之一，确保投入培养人才的时间 · 在日常作业当中实施安全活动、设备、装置的安全保障工作时，将安全视为最优先的事项，组织上下都对培养安全感受性高的人才拥有正确的认识
5. 与包括合作公司在内的相关人员进行对话	· 正确地检测、认识到不安全状态、危险源、负面信息，迅速地向组织内部通知、共享这些信息。全组织齐心协力共同解决不安全状态等

出处：根据三菱化学株式会社：《三菱化学鹿岛事业所第 2 乙烯工厂火灾事故 防止再次发生的对策研究情况报告书》，p.22 的内容重新列表，2009 年 4 月，http://www.m-kagaku.co.jp/aboutmcc/RC/pdf/regard/kashima_j03.pdf

根本原因分析（RCA）

不仅需要明确技术性的机械装置问题，而且需要找出根本原因（组织方面的原因），通过对其进行纠正可以有效地防止类似原因再次造成问题、事故（将再次发生问题的可能性降低至最小限度）。

RCA 无法一次就达到完美的结果，需要反复与持续改善。

（2）东曹南阳事业所的爆炸火灾事故

事故后对职工进行了听取调查。笔者将事故报告书[①]中记载的事故的背景因素整理为表 1-11。

表 1-11 东曹南阳事业所的爆炸火灾事故的背景因素

背景因素	事故报告书中的相应出处
1. 安全意识的降低与安全管理体制的松弛	· 由于以前长时间没有发生过重大事故，一切正常运转，而且一直以来都就设备方面以及操作方面进行过讨论，所以大家认为技术层面已经得到了确保
2. 经营高层的领导力	· 经营高层应该再次彻底地向全体员工强调，对企业活动来说安全操作是最优先的事项，并且应该以强有力的领导力来指挥以“自主安全保障”为中心的安全保障活动
3. 事业所参加安全保障活动	· 不能将安全保障活动完全交给现场，而应该通过提供安全保障的相关信息、讨论、实践安全保障对策等方法积极地支持、指导各制造现场的安全保障活动，同时还应该亲自带头行动，提高事业所整体的安全保障水平

① 东曹株式会社南阳事业所第二氯乙烯单体制造设施爆炸火灾事故调查对策委员会：《南阳事业所第二氯乙烯单体制造设施爆发火灾事故调查对策委员会报告书》，2012 年 6 月，www.tosoh.co.jp/news/pdfs/20120613001.pdf

续表

背景因素	事故报告书中的相应出处
4. 沟通	·管理人员、干部对操作人员提出的各种建议、意见的反馈不足是否成为了导致制造现场出现不安感、强迫感的重要原因？此外，与安全保障相关的各种活动是否仅仅停留于管理人员的指示？制造现场的操作人员是否真正理解了其意义、目标、结果
5. 技能的继承	·制造部门的管理人员、干部、操作人员应该加深对工厂设施的设计思想、操作方法的技术依据等方面相关知识的认识与理解。尤其是为了让干部与操作人员彻底领会工厂设施的设计思想与操作条件的设定背景的根据，对其进行Know-Why教育，同时举办应对非常时期的相关教育项目，以及重新审核教育后确认员工理解度的方法
6. 人才培养	·伴随着世代交替或是建设新工厂设施，熟练的操作人员、干部调至其他部门，导致制造现场的知识、经验有降低的倾向。在该状态下，如何培养对异常、紧急事态拥有高度的应对能力、应用能力的干部及操作人员成为重要的课题，需要重新检查人才的分配以及各部门内的教育内容，在调配时考虑到重要度、优先度

（3）三井化学岩国大竹工厂的爆炸火灾事故

事故后对职工进行了听取调查。笔者将事故报告书中记载的事故的深层原因整理为表1-12[①]。

表1-12　三井化学岩国大竹工厂的爆炸火灾事故的深层原因

深层原因	对策方针
1. 风险评估不足	①重新审核与高危险性物质相关的议事的变更管理流程以及变更管理议事的判断标准 ②确立切实实施与高危险性的物质相关的议事紧急停止(ESD)[①]的风险评价计划

① 三井化学岩国大竹工厂间苯二酚制造设施事故调查委员会：《三井化学（株式会社）岩国大竹工厂间苯二酚制造设施爆炸火灾事故报告书》，2013年1月23日，http://jp.mitsuichem.com/release/2013/pdf/130123_02.pdf

② 该事故是在实施ESD（Emergency Shut Down）的操作中解除连锁所引起的。因此记载了大量关于与ESD以及连锁相关的课题。

续表

深层原因	对策方针
2.技术继承不足 (从设计到操作的继承)	①在ESD安全思想与实际运行情况的基础上改善技术的继承问题。将其反映于标准手册等文件与设备当中 ②在管理人员发生更替时彻底交代与安全相关的问题 ③重新讨论与安全相关的ESD训练内容
3.轻视规则、规定 (遵守规定与重新审核的不足)	①教育连锁的重要性,彻底执行解除连锁时规定 ②明确可以解除连锁的“稳定条件”,有效利用检查表
4.现场管理能力降低 (过于相信安全得到确保)	①解决各层对“安全最优先”的真实体会的差距 ·改善各层之间的沟通情况 ②提高爆炸、火灾的相关知识与认识 ·从事故事例学习 ·通过安保防灾技术的专家提高安保防灾技术 ③提高技术人员的技术力 ·掌握技术人员的技术力与制定培养方针
5.当事者认识不足 (紧张感与危机感不足)	①彻底、切实地追踪安全活动 ②流水线组长亲自推进本组安全环境的改善 ③提高对危险的感受能力 ·为养成自主思考的习惯,有效地展开危险预知活动(KY)

第2章

安全管理的基础

1.安全管理的基本思路	·根据制定的规定作业 ·以人会犯错为前提，调整设备、机械、作业条件、作业环境(硬件对策) ·在硬件对策的基础上加入软件对策，实施综合性对策
2.安全的4M(劳动灾害的基本原因)	·为了防止事故发生，需要反复“分析为什么”，追究基本原因。劳动灾害的原因可以从4M的观点进行分析 (Man, Machine, Media, Management)
3.对策的4E	·从4E的观点对原因采取对策 (Engineering, Education, Enforcement, Example)
4.4M4E分析方法	·有效利用将上述4M、4E矩阵化的分析表，总结对策
5.硬件对策与软件对策	·以人会犯错、机械会损坏为前提进行安全管理 首先，实施设备条件、作业环境等硬件方面的对策。由于实际的操作是由人来进行的，所以还需要采取与人为因素相关的软件方面的对策

2.1 安全管理的基本思路

安全管理的基本思路可以总结为以下三点：

第一，人在作业时需要遵守制定的“规定”。

第二，为了达到即使人犯错、机械损坏也不会造成重大问题，对设备、机械、作业条件、作业环境等方面采取硬件对策。

第三，即使采取了相应的硬件对策，但最后还是由人来进行操作的，所以在硬件对策的基础上还需要加入软件对策，即采取综合性对策。

安全管理的前提是“人会犯错、机械会损坏”。也许有人认为“遵守规定是理所当然的事情”，但许多灾害发生的原因都是没有遵守规定。有一句话叫作“安全 ABC”。

> **安全 ABC**
>
> （A）对于理所当然的事情，（B）不要心不在焉，（C）而应该牢牢遵守。这也称为“凡事彻底”，意为安全管理的基本内容是遵守规定。在对新人的教育当中首先教导的就是“安全 ABC”，从这点也能看出遵守规定是多么困难与重要的事情。

之所以由组织来制定规定，是因为如果每个人都为所欲为的话，作为个人集合体的组织就无法成立了。成立一个组织就必须制定标准与规则，将人的行动规制于“模型”当中。通过制定规定，将人的行动规制于模型当中，可以防止不安全的行为与不安全的状态。

不能遵守“规定”有以下这些原因：第一，人都有各自的习惯，生性讨厌被模型拘束；第二，机械、设备、作业条件、作业环境等不利于人们遵守规定；第三，使人们彻底遵守规定的管理不够周全等。

将人会犯错视为前提的话，就需要弥补人的过错。因此，需要实施设备条件、作业环境等硬件方面的对策。即便如此，实际的操作还是由人来进行的，所以还需要采取与人为因素相关的软件方面的对策。即从硬件对策与软件对策两方面进行安全管理。

在此对硬件对策与软件对策做出以下定义：

> 硬件对策：为了达到即使人犯错也不会发生重大的危害，调整设备、系统与作业条件、作业环境，消除不安全的状态。
>
> 软件对策：无论如何实施降低风险的对策，总会有残留的风险（残留风险）。安全保障最后是由人来管理的，因此需要进行教育与日常管理，消除不安全的行为这一人为因素。

2.2 安全的 4M（劳动灾害的基本原因）

过去的事故调查的核心是确认“谁犯了错”“机械设备出现

了哪些故障”等直接原因。然而在制定今后的安全对策时，需要追究潜藏于其背后的基本原因。

出现不安全状态与不安全行为的根源——即劳动灾害的基本原因由 4 个 M（Man, Machine, Media, Management）组成。使用 4M 分析灾害原因的方法称为 4M 分析法。

图 2–1 表示了劳动灾害的发生过程（sequence）。安全管理活动的缺陷是由于人为因素（Man）、设备因素（Machine）、作业因素（Media）与管理因素（Management）这四个因素的综合作用，导致发生“不安全状态”与“不安全行为”，当这两者交叉时，则会导致事故、灾害发生。“Media”一般被译为“环境”，但本书是指作业因素（作业条件、作业环境）。

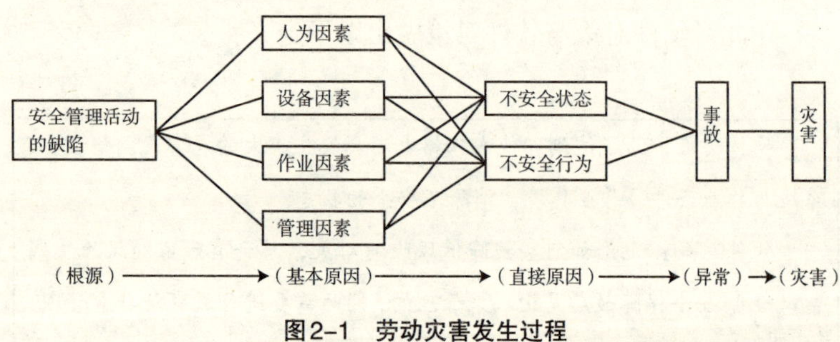

图2–1　劳动灾害发生过程

出处：大关亲：《新时代安全管理的一切（第 2 版）》，p.287，中央劳动灾害防止协会（2004）。

当发生事故或灾害时，可以通过 4M 分析法寻找出基本的原因并采取对策。4M 分析法起源于美国国家运输安全委员会（National Transportation Safety Board：NTSB），在日本产业界被

JR 东日本等公司广泛采用。

4M 分析方法由以下 3 个步骤组成：

①根据时间序列整理与事故、安全相关的所有事项。

②从“Man”“Machine”“Media”“Management”的视角出发，讨论这些事项分别属于哪一范围。

③从各种因素当中选出直接的主要因素，用第 2 章第 3 节所介绍的 4E 视角采取对策。

表 2-1 表示的是 4M 分析的重点。4M 分析有时还会加上“Mission”，构成 5M 分析。

JR 东日本采用“4M4E 分析”的理由

事故萌芽——即值得注意的“现象”大部分都是人为差错。为了防范事故于未然，对“现象”进行彻底深入的分析是必不可缺的。因此，为了深入分析引发差错的原因，彻底防止事故再次发生、防范事故于未然，引进、展开了 4M4E 分析方法。

表 2-1　4M(5M)的重点

分　类	重　点
1. Man (人为原因)	作业人员的心理原因、作业能力的原因 (人会犯错的人为因素)
2.Machine (机械、设备原因)	机械、设备的固有原因 (机械设备等设计上的缺陷、危险防护不足、对人体工学考虑不周、检查设备不良等)

续表

分　类	重　点
3.Media （作业原因）	对作业人员造成影响的物理的、人为的环境原因 （与作业相关的信息、作业方法、作业环境等不合适）
4.Management （管理原因）	源于组织管理状况的原因 （安全管理组织、作业计划、作业指挥、安全法令的贯彻、公司内部安全规则、规定的调整、教育训练等）
5.Mission （使命）	如果自己不做的话，之后的处理就非常麻烦等使命感

（1）Man- 人

该因素源于人为差错。不安全行为的背后定会存在着当事人的大意、误解或是疏忽等问题。然而，没有“人”会特意想犯错（出错）或是疏忽大意，尽管如此人依然会犯错。因此，不去责怪人所犯的错误，而从 4M 的视角深入调查促使人犯错的背景因素减少，才能真正地防止事故。

让我们来看看下面的事例 1，笔者引用的是大关亲所著的《新时代安全管理的一切》[①]。

事故的直接原因是作业人员不遵守规定，但深入调查其原因时，发现了作业人员想要停止传送带，但附近没有开关，所以才伸手取走货物，这属于设备原因，以及监督人员默认了不安全行为的管理原因。制定防止事故再次发生的计划时需要加入设备原因、管理原因。

① 大关亲：《新时代安全管理的一切（第2版）》，p.287，中央劳动灾害防止协会（2004）。

事例 1　传送带事故

①由于发现在传送带上传输的机械零件出现异常，想要伸手拿走时，手指被零件的锐角部分割伤。

②作业规定“要取走传输中的货物时，必须先切断动力”。

③根据灾害调查的结果报告，该灾害的直接原因是“作业人员违反规定的不安全行为”与“没有对零件的危险部分进行防护的不安定状态”。

④然而，再次调查现场后，发现作业人员附近没有停止传送带运行的紧急停止开关。（机械设备原因）

因此尽管作业人员知道“要取走传输中的货物时，必须先切断动力”的规定，但在紧急场合（在该灾害中，如果不在此取走的话，零件将在下一流程中被打包）有可能无法遵守规定。

⑤此外，该岗位的监督不够严格，默认了作业人员不遵守规定的行为。（管理原因）

⑥综合以上结果，将该灾害的基本原因确定为“机械（Machine）与管理（Management）两方面”。

笔者曾经在参观某家汽车工厂时，发现沿着传送带的正上方、作业人员的手能触碰到的位置装有一根缆绳。只要拉动缆绳，传送带就能停止运行。因此如果发生异常的话，作业人员马上就可以停止传送带。如果有这方面的设备对策的话，就不会发生事例 1 这样的事故了。

事例 2 是反映了人类的记忆持续时间不长的事例。

事例 2　不能遵守早课的指示

在早课中已经通知了作业时必要的注意事项。但是作业人员无法遵守这些注意事项，导致事故发生。这是因为聆听作业注意事项的作业人员疏忽大意吗？监督人员应该怎么做才好呢？

重点是人就算记住事情也会很快忘记。图 2–2 是人类记忆的艾宾浩斯遗忘曲线。人在 20 分钟后会遗忘 42% 的事情，1 小时后遗忘 56%。早课上的指示不能得到遵守不是因为听者的疏忽大意，而是管理人员没能了解记忆会被急速忘却的事实，因此重要的指示需要通过书面形式通知。

针对早课的指示得不到遵守的问题，某家工厂如图 2–3 所示，从作业开始时每隔 2 小时分成 5 个阶段召开会议，通过这种方法贯彻指示与注意事项的传达。

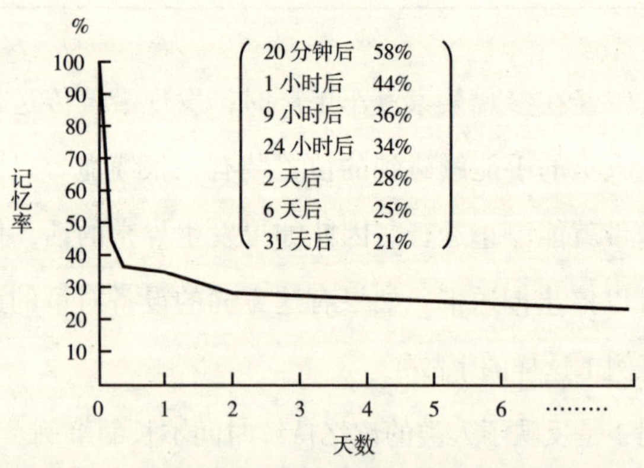

图2–2　艾宾浩斯遗忘曲线

出处：大关亲：《新时代安全管理的一切（第2版）》，p.377，中央劳动灾害防止协会（2004）。

> **艾宾浩斯遗忘曲线**
>
> 艾宾浩斯遗忘曲线是关于记忆无意义的音节时记忆率的实验结果。人很难记忆没有意义的事情，如果加入必要性、背景等关联的话，就会留下记忆。

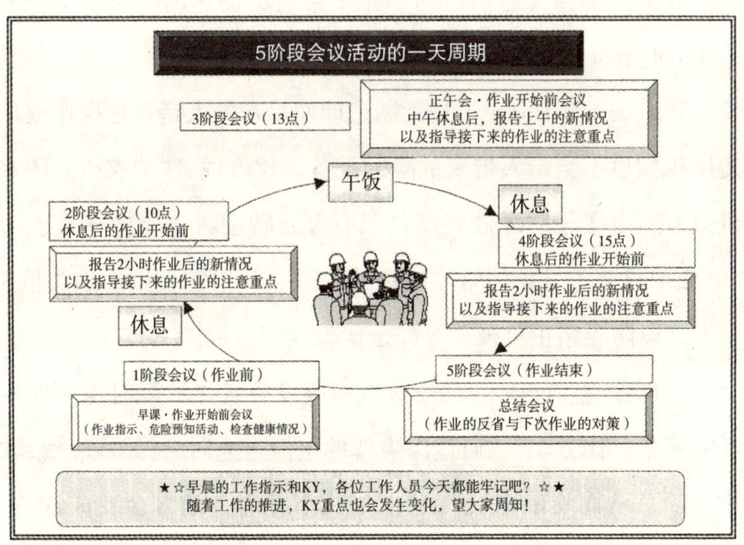

图2-3　5阶段会议活动的一天周期

出处：厚生劳动省中央劳动灾害防止协会：《化学工业中招标企业与相关承包商的安全卫生管理标准手册》，p.66（2011年2月）。

（2）Machine－机械·设备

俗话说“物尽其用”，日本人总认为“能够熟练地操作不好使用的机械是自己的本事，是自己的技术”。但是机械毕竟是越方便使用越好，我们应该将不方便使用的机械改良为方便使用的机械。不方便使用的机械容易成为滋生违反标准手册的捷径行为或是省略行为的原因。比方说，JCO 临界事故就是因为公司内部标准手册所规定的设备难以操作，所以作业人员使用了别的设备才引起的（参照第 4 章）。

人的误解与无意识行为都是不可避免的，因此诞生了防呆法（fool proof）与傻瓜保险（fail safe）的概念。

防呆法（fool proof）是指制造即使呆笨的人错误地操作或是使用机械也不会给人带来危险的设备。比方说，“洗衣机的脱水机只有盖上盖子时才能转动，只有停止转动时才能打开盖子”，“电磁炉只有关好炉门时才能启动”，“直流电源使用的插头呈 T 字形，以防弄错正负极”等都是代表性的事例。

傻瓜保险（fail safe）是指机械或设备发生故障时保证使用者的安全。比方说，“通过保险丝的电流过大时，保险丝就会软化熔断，从而切断电流”，“信号机损坏时，信号会变成红色，让汽车停止”，“自动搬运机器人撞到障碍物时会自动停止”等都是代表性的事例。

像这样，我们需要在设计机械时从设计阶段开始就注意到安全问题，即采取让设备的本质安全化的对策（参照第 3 章）。

(3) Media- 作业方法・作业环境

当发生事故或是故障时，作业是否根据标准手册进行，或者是作业标准手册是如何制定的。这些都是我们面临的问题。

作业标准手册是以专家的知识为基础，在运行过程中不断修正不合适的事项制定而成的，因此只要依据作业标准手册作业的话就能保证安全。也就是说，作业标准手册是一家公司的宝贵财产，作业不能脱离其范围。

作业标准手册中重要的是：①设计思想得到继承；②技术的合理性得到保证；③基于现场作业的实际情况。

在改造设备或是作业条件发生变更时，由于没有人知道设计当初的情况，所以当初设计时考虑到的问题有可能会被疏忽遗漏。此外，制定标准手册时，不会记载几乎所有人都认为是常识的基本性动作。随着设备条件的老化，维修的重要性日益增加等，一些事项随着时代有所变化。再加上最近的技术走向细分化、专业化，更加要求人们具有高度的专业知识。基于以上问题，我们需要从安全的视角定期审核标准手册是否合格。

事例 3、事例 4 是反映了作业标准手册与现场的实际情况不符时，作业人员无法遵守规定的事例。

标准手册是由制定者根据自己的想法制定而成的，制定者需要经常与现场作业人员进行沟通，管理人员需要掌握作业的实际情况。

事例 3　无视报警的警报

人们经常可以看到尽管制造现场的警报鸣响，但是操作人员仍然无视警报，不采取任何行动。当询问操作人员“为何无视警报”时，得到的回答是“警报经常会响，但是从来没有发生过问题”。

这是因为设计者自称为了安全而将安全范围也设定于警报值当中，于是总是出现警报鸣响但并没有问题发生的情况，结果导致人们会无视警报。这样的话就失去了设置警报的意义了，万一出现紧急情况的话会酿成重大问题。

也就是说，从安全管理的视角来说，对安全过于紧张反而会带来危险。

事例 4　使用过期的牛奶

2007 年不二家使用过期的牛奶作为奶油馅点心的原料，造成了影响重大的企业丑闻。以下从《对食品事故的思考》[①]一书中引用该部分。

“的确是存在将超过消费期限 1 天的牛奶作为原料的事实（省略一部分内容），但这在食品卫生法和质量上都没有任何问题。一般来说牛奶的期限表示有两种方法，使用高温杀菌的表示为‘保持风味期限’，而低温杀菌的为‘消费期限’。不二家使用的 UHT 杀菌是超高温杀菌牛奶，本来应该是‘保持风味期限’的对象。但是，由于不二家琦玉工厂使用的牛奶原料的一部分是用金属可回收容器搬运的，其没有密封，不能完全否定掺入外部杂菌的可能性，所以原料厂商只保证其从生产日期后的 5 天内的质量，因此使用了‘消费期限’的表示。不过，不二家从集奶罐中搬运的牛奶原料只使用于经过加热程序的商品当中，最后会进行细菌检查，确认其安全性，所以就算使用超过 1 天消费期限的原料也不会

① 乡原信郎 :《食品的不详事》，p.36，唯学书房（2008）。

对安全性、质量造成影响。”

如果在作业现场遵守消费期限的话，会造成大量牛奶库存堆积。作业人员认为从经验上来看，使用该牛奶也没有任何问题。因此才使用了超过消费期限的牛奶。

作业人员不能遵守规定的原因是设定的消费期限与现场的作业实际情况不符。如果管理人员掌握了现场的实际作业情况的话，应该就能通过改善装纳容器等措施防止这一丑闻的发生。

（4）Management- 管理

彻底执行安全法令、调整安全管理章程、管理体制、教育训练等方面的“管理”是保证安全的基本问题。此类管理体制的调整自然是重要的事情，但对管理人员来说最为重要的是铭记“安全第一、质量第二、生产第三”，并将其作为自己的认识与想法，浸透于整个岗位当中（参照第 6 章）。

企业经营者必须明确各个层面——尤其是管理人员在安全方面的责任所在。管理人员在执行职务时处于经营立场与实际作业立场有时会发生二律背反的矛盾的位置上，但是绝对不能忘记以安全为基础的价值观。

因此，重要的是相关人员相互之间（经营者——管理人员、管理人员——现场操作人员等）准确、紧密地沟通。黑田勋曾经说过：“或许是由于日本人之间的沟通都根植于同一语言、同一精神土壤，所以有着非常暧昧不清的倾向。尤其是组织越庞大，越呈现为纵向结构，相互之间的信息管理、向众人通知也会变得更难。安全信息必须准确地通知到每一个人，因此需要再次检查信息传达系统的有效性与准确性。养成现场报告、联络、商量（报、联、商）的好习惯是十分重要的。”①

相关的重要法令有制造业招标方指针。制造业招标方指针规定招标企业有义务实施作业间的联络与协调，其目的是确立包括相关承包商在内的综合性安全管理体制。

管理组织时必须牢记组织的经济性与效率化。安全经常被人视为处于经济性、效率化的反面，但我们必须将安全视为经营的重要事项之一。这是因为如果不幸发生事故或是灾害的话，不仅会造成悲惨的人身伤害，还会产生巨大的费用，并且会由于停止生产而无法完成向社会进行供给的责任，考虑到这些因素就能很好地理解安全的重要性了。

因此，我们需要掌握向安全对策投入多少费用为佳的信息。

中央劳动灾害防止协会在 2000 年 2—3 月以 1368 个单位为对象，对企业为防止劳动灾害而投入的费用及其效果进行了问卷调查，并将其结果总结为《安全对策的费用对效果——企业的安全对策费用的现状与效果的分析》。用于安全的费用以及安全对策的效果如表 2-2 所示。

---

① 黑田勋：《安全文化的创造——从人为因素思考》，p.223，中央劳动灾害防止协会（2000）。

表2-2　用于安全的费用/安全对策的效果(万日元)

（平均每个单位）

A 用于安全的费用		B 安全对策的效果	
1. 安全对策的费用 2. 发生灾害时的各项费用	19286 6368	1. 安全对策的主要效果 防止灾害·避免灾害发生的效果 2. 安全对策的次要效果 (提高生产率等效果)	58067 11273
费用合计	25654	效果合计	69340
费用对效果比　1:2.7			

注：回答单位的平均劳动者人数为 732 人。

出处：中央劳动灾害防止协会：《安全对策的费用对效果——企业的安全对策费用的现状与效果的分析》，p.13（2000 年 9 月）。

企业向每个单位（732 名员工）投入 25600 万日元的安全对策费用，其效果达到 69300 万日元。总的来说，投入安全的费用约产生了 2.7 倍的经济效果。

日本全国向宏观性安全对策投入的费用为 113600 亿日元，大约相当于国民生产总值（GDP）的 2.2%。根据英国卫生与安全管理局（HSK）的报告，英国的安全对策费用约占 GDP 的 1.75%—2.75%，日本与其数值基本相等。

这里所涉及的用于安全的费用以及安全对策的主要效果可整理为以下项目：

①用于安全的费用

用于安全的费用由安全对策的费用与发生灾害时的各项费用构成。从表 2-3 可以看出，用于安全的费用 49% 花费在机械、设备、个人用保护工具方面。人事费包括安全负责部门的人事费与早课、安全预知（KY）等安全活动的人事费。

表 2-3 安全对策的费用

项目	金额(比例)
1.与救护相关的费用	48万日元(0.2%)
2.与机械、设备、个人用保护工具相关的费用	9402万日元(48.7%)
3.与安全教育训练相关的费用	476万日元(2.5%)
4.与防止危险、防止灾害再次发生的活动相关的费用	469万日元(2.4%)
5.与安全负责部门相关的费用	2768万日元(14.4%)
6.与处理各种风险相关的费用	981万日元(5.1%)
7.其他的安全费用	977万日元(5.1%)
8.人事费	4165万日元(21.6%)
合计	19286万日元(100%)

出处：笔者根据中央劳动灾害防止协会：《安全对策的费用对效果——企业的安全对策费用的现状与效果的分析》，p.9（2000 年 9 月）的数据制作而成。

②灾害发生时的费用

发生劳动灾害时的劳灾保险金所占的比例最大，超过了 60%，其次是预防各种灾害发生的保险金（表 2-4）。

表2-4　灾害发生时的费用

项目	金额(比例)
1.劳灾保险费金额(包括附加保险费)	3989万日元(62%)
2.企业内附加补偿金额	234万日元(3.7%)
3.损伤保险费金额	1159万日元(18.2%)
4.诉讼费用	87万日元(1.4%)
5.民事损伤赔偿金额	500万日元(7.8%)
6.由于机械、设备等破损、破坏造成的损失金额	90万日元(1.4%)
7.同事、上司的劳动损失天数的相关损失金额	75万日元(1.2%)
8.受灾劳动者本人的相关损失金额	100万日元(1.6%)
9.由于受灾劳动者丧失盈利能力,从附加价值方面造成的单位的损失金额	134万日元(2.1%)
合计	6368万日元(100%)

出处：笔者根据中央劳动灾害防止协会:《安全对策的费用对效果——企业的安全对策费用的现状与效果的分析》，p.10（2000年9月）的数据制作而成。

③安全对策的主要效果

安全对策的主要效果是指通过防止灾害、避免发生灾害带来的劳动灾害发生费用的节约金额。

表2-5 安全对策的主要效果

项目	金额(比例)
1.由于避免了劳动灾害,产生于劳动者的损失回避金额	20590万日元(35.5%)
2.由于避免了劳动灾害,产生于单位的损失回避金额	27490万日元(47.3%)
3.考绩型劳灾保险金的节约效果	464万日元(0.8%)
4.企业内部附加补偿金额的节约效果	579万日元(1.0%)
5.民事损伤赔偿金额的节约效果	3814万日元(6.6%)

续表

项目	金额(比例)
6.损伤保险费的节约效果	322万日元(0.6%)
7.诉讼费用的节约效果	3043万日元(5.2%)
8.由于机械、设备等破损、破坏造成的损伤的节约效果	952万日元(1.6%)
9.同事、上司的劳动损失天数的相关损失的节约效果	813万日元(1.4%)
合计	58067万日元(100%)

出处：笔者根据中央劳动灾害防止协会：《安全对策的费用对效果——企业的安全对策费用的现状与效果的分析》，p.11（2000 年 9 月）的数据制作而成。

④安全对策的次要效果

安全对策的次要效果表示了通过积极推动岗位与工厂的安全活动，给以生产活动为首的劳动积极性带来的正面影响（表 2–6）。

表2–6　安全对策的次要效果

项目	金额(比例)
1.提高生产率的效果	5125万日元(45.5%)
2.提高质量的效果	873万日元(7.7%)
3.提高劳动积极性等员工士气、使工作岗位的上下关系以及同事之间的人际关系变得更佳的效果	1641万日元(14.6%)
4.提高企业在本领域与当地社会中的形象与信用，提高员工雇用等社会性评价的效果	2023万日元(17.9%)
5.减少早退、迟到、缺勤、减少离退职率、减少患疾病率的效果	1611万日元(14.3%)
合计	11273万日元(100%)

出处：笔者根据中央劳动灾害防止协会：《安全对策的费用对效果——企业的安全对策费用的现状与效果的分析》，p.12（2000 年 9 月）的数据制作而成。

（5）Mission- 使命

最近发生事故的一大特点是工作认真的熟练人员或是现场监督人员拼命想要完成交给自己的任务，这种使命感让他们在工作中甘冒风险，从而引发了事故。

黑田勋说："我们可以看到在一些事例当中，有些人不希望因为自己岗位的责任而影响到整体的进度流程，出于这种爱面子、害怕丢脸的心情，他们当机器还在运转时就进行修理，于是被卷入不幸的事故当中。安全负责人也觉得非常惊讶，不明白为什么像那样的老手会被卷入事故中。我们不能将因为疏忽大意，或是过于依靠习惯而发生的事故与这种为了保持面子，或者是为了不丢脸而发生的事故一概而论。"这一因素或许也能算在管理范畴内，但可将其视为另一个 M[①]。

技能熟练的人员的另一个问题是，他们自认为以自己的技能与能力完全足以处理问题，但是实际上其身体能力已经降低了。

事例 5 不是因为作业人员的疏忽大意，而是具有"Mission"的因素。

---

① 黑田勋：《为何会发生令人难以置信的差错——人为因素的分析》，p.44，中央劳动灾害防止协会（2001）。

事例 5：轮胎工厂的火灾事故[①]

一名作业人员在进行焊接作业时，焊接火花引起堆积在地板上的发泡剂药品着火，火势蔓延至橡胶上，引起了大规模的火灾。直接原因是作业没有请示监督人员，以及当时没有铺好防灾苫布等，在进行焊接作业时的保护措施不够。

但是，我们需要思考为何会由一个人独自进行作业。

我们体会得到作业人员"希望以自己的责任推动整体工作顺利进行"的心情。这是过去未曾有过的、由作业人员的使命感而引发的事故。

在化学工厂设施的事故当中，许多时候死亡者是现场负责人的股长或是第一发现者。从这里也能感受到他们出于自己的责任感，想要进行补救的使命感。

2.3 对策的 4E

通过 4M 分析提取的风险因素可以在 Engineering、Education、Enforcement、Example 的 4E 基础上采取对策。表 2–7 表示了对策的 4E。

表 2–7　对策的 4E

分类	内容
1. Engineering(工程学对策)	为了提高安全性的工程学对策 (为了排除人的不确定性的设备、系统)
2. Education(教育)	完成业务所必需的知识、技能、认识的相关教育

① 失败事例《轮胎工厂的火灾事故》，www.sozogaku.com/fkd/cf/czo200722.html

续表

分类	内容
3. Enforcement(强制)	忠实实施业务的强化、彻底 (规定化、评价、指导、KY)
4. Example(模范)	表示具体事例的方案 (模范事例、横向展开)

(1) Engineering(工程学对策)

起因于人为因素的事故对策的核心在于教育、强制、模范等与人相关的问题，但永久性的对策首先需要从工程学对策着手。

工程学对策是指对不合适的环境采取机械方面的或是物理方面的对策，即在设计设备与机械时注重安全，弥补人所具有的不确定性，达到即使人出错或是机器损坏也不会使人遭受灾害。

实施对策的优先次序如表2-8所示，规定为三大步骤方法，依据①本质的安全设计，②安全防护措施，③提供使用信息这一顺序进行实施（参照第3章）。

表2-8 三大步骤方法的顺序

三大步骤方法的顺序		安全对策的优先次序
第一步	本质的安全设计 (ISO12100-2的条款4)	·为了尽可能消除危险的根源，在设计时尽量降低危险程度
第二步	安全防护措施 (ISO12100-2的条款5)	·通过本质安全设计无法合理地消除危险根源，或是无法充分降低风险时，为了保护人身安全而使用 ·比方说，通过加入安全装置、设计安全报警等方法降低风险

续表

三大步骤方法的顺序		安全对策的优先次序
第三步	提供使用信息 与残留风险相关的信息与警告 (ISO12100–2的条款5)	·对于采取了以上措施但依然残留的风险，通过提供使用上的注意事项等方法来降低风险 ·在设计机械时，使用上的信息是必不可缺的

(2) Education (教育)

为了确保安全，如表2–9所示，需要进行与知识、技能、认识相关的教育。

表2–9 教育的内容

项目	内容	掌握的方法
1.知识	完成业务的必要知识	讲习会、说明会
2.技能	能够正确处理的技能	反复练习的训练、实地训练、OJT(On–the–Job Training)
3.认识	感知危险的感受能力	与事故事例相关的案例研究、KYT
	提高道德感	讲习会、说明会

教育的难点在于就算可以传授“Know How”(如何操作)，也很难传授“Know Why”(为什么必须要这样操作)和“Know What”(要达到什么样的目标)。

熟练人员要将通过长时间的经验掌握的技能传授给他人并非易事。熟练人员都是通过“跟在前辈身后自己学习”而掌握技能，因此缺乏以良好的方法教授他人的经验。而当代人也不知道如何询问他人，于是没有教育经验的人很难教会他们。

OJT (On–the–Job Training) 是企业内部的教育、训练方法

之一。这种方法是指工作岗位的上司或是前辈通过具体的工作，向下属或是晚辈进行有意的、有计划的持续性指导，使其掌握技能。

OJT 的历史源于第一次世界大战爆发时，原本只有 5000 名劳动者的美国造船企业需要 10 倍的劳动者，其为了补充人才而需要教育新人。当时，查尔斯·R. 艾伦被任命为制定紧急人员训练项目的负责人，他开发了下述 4 阶段的职业指导方法。

4 阶段职业指导方法（the "Show, Tell, Do, and Check" method of Job Instruction）①

1. 安排新人——安心进行作业。调查他们是否事先了解一些关于工作的问题。使他们对学习抱有兴趣。给他们分配合适的工作岗位。

2. 示范作业——仔细地、耐心地解释、示范、图示，并进行提问。强调重点。一次教一点、完全教会他们，而且不能够超出他们所能掌握的限度。

3. 确认效果——让他们自己完成工作。让他们一边自己解释一边完成工作，让他们自己来解释与示范重点。向他们提问，询问正确答案。这一指导一直持续至判断他们能够理解为止。

4. 后续反馈——让他们自己判断有需要的时候向谁提问。频繁地检查。促进他们积极地提问。让他们自己找到进步的相应重点。逐渐减少特别指导和直接的追踪。

OJT 的重点不是“跟在前辈身后学习”，而是通过进行有意

① http://ja.wikipedia.org/wiki/OJT

的、有计划的、持续的教育来培养人才。我们不能要求新人马上进行操作。

事例 6 是在教育中有效利用实物的事例，为了让初学者也能理解，向其展示了各种腐蚀材料的样本。

事例 6　腐蚀博物馆

在判断管道的腐蚀状态时，熟练人员知道有一种叫作“应力腐蚀”的现象。年轻人就算知道这一单词，也不清楚这是怎样的状态。

重视维护设备的公司会在车间内部的一角全面展示各种材料的腐蚀样本。同时加入腐蚀的发展过程的相关解说。这就是“腐蚀博物馆”。新人通过对照样本就能理解腐蚀的状态。

像这样，各大企业都在致力于展示实物，或是可以使人体验到危险情况的教育。

（3）Enforcement（强制）

我们需要强制地贯彻遵守规定。

人即使接受过一次教导，也会急速地忘记。而且没有事故发生的话，人就会觉得维持现状即可，于是容易松懈。事故正是在这种时候发生的，因此有必要“强制”使人对危险保持警惕。

即使是熟练人员，如果不持续钻研知识与技能的话，从整体上来说都是在退步。而且熟练人员还有另一个问题，那就是如果不研究新的设备与方法的话，就无法掌握新的技术。在这种情况下，有必要进行强制的教育。

事例 7 是在人们忘记事故时发生的事故。在事故发生后的一段时间内，人们会保持紧张感。但一旦安全、没有发生事故的状态持续很长时间时，人们就会不由自主地放松对危险的警惕心。因此，有必要强制地培养危机感。

事例 7　集体食物中毒事件

2000 年，雪印乳业发生了集体食物中毒事件。原因是由于突发性停电，牛奶在暖温下滞留于工厂设施当中，其间金黄色葡萄球菌增生，产生了肠毒素。雪印乳业在 1955 年也发生过食物中毒事件。当时事故的起因也是突发性停电。当时的佐藤贡社长亲临第一线进行指挥采取对策，同时宣布了“告知所有员工”的通知。全公司上下一心，努力恢复公司的信誉。公司每年都向新员工分发“告知所有员工”，告诉他们 1955 年食物中毒的经验，保持公司内部的紧张感，最终企业内部能够一直维持安全状态，也恢复了社会对雪印乳业的信赖。据说公司判断“已经没有问题了”，于是从 1986 年开始不再将“告知”发给新员工。此后过了大约 15 年之后，再次发生了食物中毒事件。

与此相关的是，日本就算制定了各种规则，其惩罚规定也比欧美要轻。比方说，关于召回汽车的申报，日本是“尽快申报”，而美国则规定有义务“在 5 天以内申报”，其惩罚规定也更为严厉。

山岸俊男在著作《日本的“安心”为何已经消失》一书中深刻洞察到日本与美国之间信赖感的差距、个人主义、集体主义等问题。笔者以其内容为基础总结如下："日本被称为集体主义社会，因为每个人都在集体中生活，所以无法脱离集体。相反，如果离开集体的话，就成了'出门在外，不怕丢丑'的社会。日本人一直认为在集体当中如果不诚实，或是违背集体意见的话，就会受到社会的制裁。这是日本人就算没有合同或是严格的惩罚规定，在日本也会遵守规定的原因。但是，正如'日本看到他人就觉得是小偷'一语所示，日本人对他人的信赖感要比美国低。最近，许多人内心深处都感觉到'封闭的集体主义的时代已经结束了'。社会组织已经逐渐变成不再能保证'安心'的社会了。"日本可以说正处于这一状态当中。①

为了适应这一社会变化，笔者认为日本也需要加强不遵守规定时的惩罚规章，并且强制人们遵守规定。

（4）Example（规范）

在教导技术与行为时，首先需要进行示范。光是口头教授是无法教会人的。我们需要共享安全对策等方面的模范事例与具有共同特点的事故等方面的信息。此外，经营高层、单位高层、现场管理人员必须带头示范安全活动，否则无法保证组织的纪律。

事例 8 是充分体现示范作用的话语。

---

① 山岸俊男：《日本的"安心"为何已经消失》，第3章日本人的本来面目曾经是个人主义，第 4 章日本人老实吗，pp.77-114，集英社（2008）。

事例8　名人名言

“做给他看，解释给他听，让他亲自尝试，再给予他赞扬，非如此不足以使对方真正行动。”

想要别人像自己所希望的那样行动，需要让他自己认真起来。因此重要的是努力去打动对方的心。也就是说，自己示范给对方看，让他认为容易做到，然后解释给他听，让他理解并且亲自尝试，再给予他赞扬，让他心情愉快，鼓舞他主动地认真去做。

事例9是将其他公司的事故事例有效应用于自己公司的设备安全管理当中的事例。

事例9　其他公司的事故给本公司敲响了宝贵的警钟

笔者曾经作为开发负责人经历了甲醇蒸馏塔爆炸事故，之后访问了安全实际成绩得到社会高度评价的住友化学。当时，住友化学的负责人带来了一份名为“甲醇蒸馏塔事故”的文件。这份文件的内容是报道事故的新闻报纸的剪贴。当笔者询问他“为什么会有这样的文件”时，他回答说：“化学工厂设施不会经常发生事故。因此我将其他公司的事故视为给本公司敲响的宝贵警钟，呼吁公司内部对类似的设备进行安全检查。”

如今，每家公司都将其他公司的事故应用于自己公司的安全管理活动当中。但是这段逸事发生在20多年前，笔者从中理解了住友化学取得优秀的安全实际成绩的原因。

2.4、4M4E 分析方法

4M4E 分析方法是指使用如表 2–10 所示的矩阵表，在与 4M 分析因素相对应的 4E 的基础上，将对策进行分类整理的方法。

表 2–10　4M4E 分析方法

	Man（人）	Machine（物品、机械）	Media（作业）	Management（管理）
Education(教育、训练)				
Engineering(技术、工程学)				
Enforcement(强化、彻底)				
Example(模范、事例)				

如表 2–11 所示，JR 东日本通过“时间序列分析”“引发原因分析”“对策讨论”三大步骤实施 4M4E 分析方法。

表 2–11　JR 东日本实施 4M4E 分析的方法

步骤	内容	重点
1. 时间序列分析	以时间为序列记述发生的现象	在掌握事故整体结构的基础上，提炼问题点(错误等)
2. 引发原因分析	通过 4M 的视角提炼引发错误的原因	进一步深入挖掘分析重要原因的“为什么”
3. 对策讨论	通过 4E 的视角讨论引发原因的对策	对应当重视的对策通过“那么应该如何解决”的分析方法进行具体讨论

出处：笔者根据铃木史比古・青沼新一・楠神健：《JR 东日本版 4M4E 分析方法的

开发与引进·开展》, JR EAST Technical Review, No.21, p.31（2007）的内容制作而成。

2.5 硬件对策与软件对策

进一步深入调查事故的人为因素时，可以发现其背景中存在着导致事故发生的原因。表2-12是联合企业详细调查事故原因后的结果，根据其分析，系统错误占64%，人为错误占36%。但是，有时一些看上去属于人为错误的事故实际上并非人为错误。因此，只有消除背景原因，才能真正地防止事故的发生。

如图2-4所示，安全管理需要通过合理地保持硬件对策与软件对策的平衡来实施。

表2-12　系统错误与人为错误的比例

系统错误		人为错误	
作业标准不良	81	认识、确认的错误	21
检查不良	62	误判断	28
指挥命令不良	44	误操作	55
提供作业信息错误	25	技能不熟练	19
维修不良	6		
小计	218	小计	123
比例	0.64	比例	0.36

（高压瓦斯安全协会）

出处：大关亲:《新时代安全管理的一切（第2版）》, p.361, 中央劳动灾害防止协会（2004）。

图2-4　硬件条件与软件条件

西村茂一将劳动的安全度表示为图 2-5。大关亲对图的意思进行了如下解释：[①]

①劳动的安全度是各种物质条件与人力条件的“乘积”，只要有一项为零，劳动的安全度就会降为零。

②各种人力条件的安全度是劳动者作业能力与作业积极性的“乘积”，只要有一项为零，人力条件的安全度也会降为零。不过，由于劳动者很多时候是在岗位的集体中作业，所以人力条件受到岗位集体的各种因素影响。

③劳动者的作业能力由其生理能力与精神能力的“乘积”决定，只要有一项为零，作业能力就会降为零。

④劳动者的作业积极性是由基础积极性与直接积极性的“和”决定，就算基础积极性再高，没有直接积极性的话，作业

① 大关亲：《新时代安全管理的一切（第2版）》，p.267，中央劳动灾害防止协会（2004）。

积极性也会变小。

⑤工作条件以及劳动时间、休息等劳动条件容易给作业能力、作业积极性带来影响。

最近的事故源于现场能力的降低。人力条件降低的话，物质条件的加强——即弥补现场能力降低的设备系统的强化便成为了安全管理的课题。

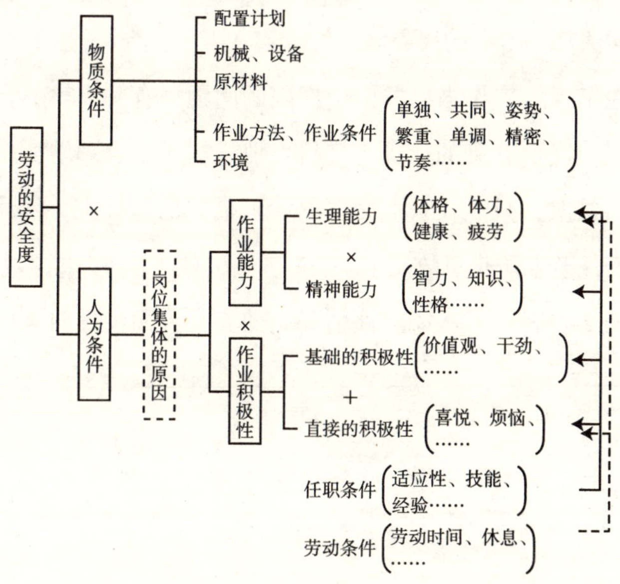

图2-5　影响劳动灾害原因的因素(西岛茂一)

出处：大关亲:《新时代安全管理的一切（第2版)》，p.267，中央劳动灾害防止协会（2004）。

(1) 硬件对策

如果能从本质上使设备、系统安全化，就能减少事故。参与设备、系统设计的技术人员从了解现场的设计阶段开始就承担有消除不安全状态的责任，并应该将其设计为安全的设备、系统。

工程学对策是在风险评估（Risk Assessment）的基础上实施的。由于企业活动建立在获得一定利润的基础之上，所以不能无限地向设备、系统投资。而且，从技术层面来看，即使这样做也无法消除所有的风险。

在工程等工作当中，由于期限的问题，有时不得不在无法实施风险降低对策的前提下进行作业。在无法合理地实施风险降低对策时，只能在采取必要的管理措施的基础上，依靠作业人员的注意来防止事故发生。

图 2-6 表示了从风险评估开始的安全方面硬件对策的实施程序。

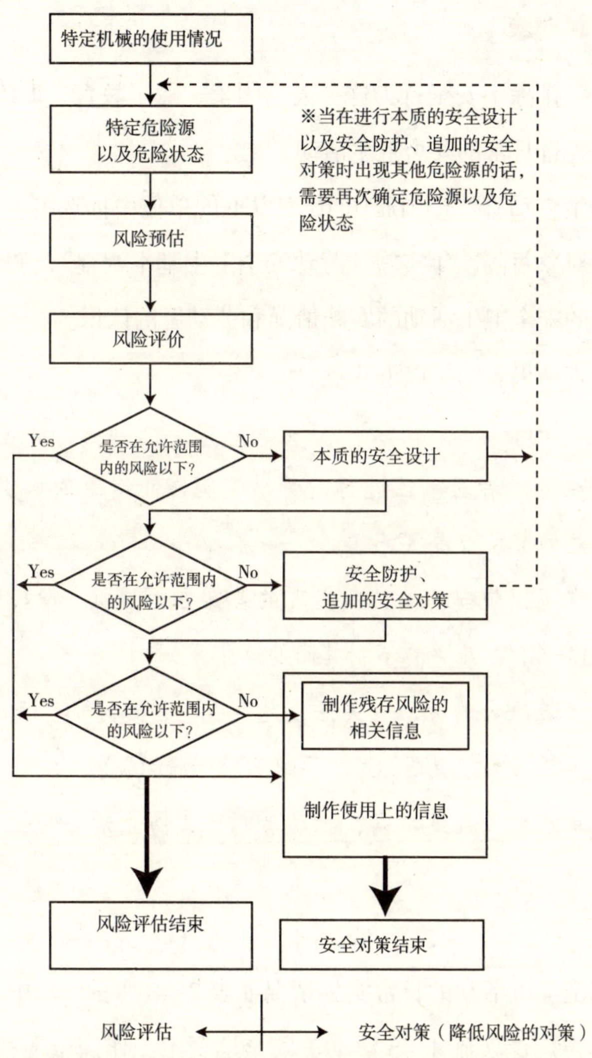

图2-6　制造业公司等进行风险评估与安全对策的程序

出处：向殿政男：《风险评估详解——防范事故于未然的技术》，p.87，中央劳动灾害防止协会（2003）。

（2）软件对策

为了排除不安全行为这一人为因素，除了教育、训练以外，还需要进行日常的安全卫生活动。

厚生劳动省从全国雇用 10 人以上的单位中抽选出 12000 个单位为对象每隔 5 年实施“劳动安全卫生基本调查”，调查单位所进行的安全卫生活动的实施情况和劳动者的认识。

调查结果表明了以下几点：

①在劳动者对单位进行的劳动灾害防止对策的认识方面，非常关注的劳动者占 32.5%。

②在不同规模的单位所出现的差异方面，所有规模的单位都在 30%~40%，几乎看不到其间的差距。

③年龄越大的劳动者关注度越高，年龄越小的劳动者关注度越低（60 岁以上为 52.8%，不到 20 岁为 5.1%）。

④单位的关注度越高，劳动者对灾害防止活动的关注度也越高。

安全卫生活动的日常实施情况如表 2-13 所示。从中可以得知各单位广泛实施了 4S 活动、安全巡逻（工作岗位巡视）、促进获得资格、危险预知活动（KY）以及交通灾害防止对策等现场安全卫生活动。

表 2-13　安全卫生活动的实施情况(单位:%)

安全卫生活动	2005年	2000年
安全巡逻	52.7(90.9~46.0)	54.7
危险预知活动	36.6(80.9~33.7)	36.5
安全提议制度	22.3(60.3~20.4)	24.5
促进获得资格	34.1(87.9~29.5)	38.9
交通劳动灾害防止对策	40.2(84.8~34.7)	47.6
职场体操	23.9(78.0~20.3)	29.2
4S活动	76.5(92.1~74.9)	78.3
其他	6.4(23.2~6.8)	6.6

注 1：2005 年栏的左侧为整体比例，内左侧为 1000 人以上规模，右侧为 10~29 人规模的单位的比例。

注 2：2000 年为整体比例。

出处：中央劳动灾害防止协会编:《安全管理人员实务必携（第 3 版）》，p.17，中央劳动灾害防止协会（2010 年）。

（3）4S 活动

我们必须让岗位上的每个人都能理解安全活动的宗旨，让所有人都积极地参加危险预知活动。4S 活动是日本安全活动的代表，该名字取自整理、整顿、清扫、清洁在日语当中的第一个字母。再加上教育一项，作为 5S 活动开展。

4S 是安全管理的基本活动，对质量管理或设备维护也有效果。

表2-14 5S活动

5S	意思	重点
整理	将作业中必需的物品与不需要的物品分类，丢弃不需要的物品	·原则为“觉得犹豫的话就丢弃” ·毫不犹豫地丢弃认为“以后有可能会用得到”的物品
整顿	在固定的地方放置固定的物品，方便随时取用	·将工作中需要的道具或是资料陈列、收纳在需要使用时容易找到的地方
清扫	经常清扫，保持工作岗位清洁美观	·将身边收拾干净，保持衣服与装备上没有污垢或是伤痕
清洁	维持整理、整顿、清扫的状态	·反复进行整理、整顿、清扫，确保卫生，使环境保持在舒适的状态
教育	养成正确遵守规定、程序的习惯	·严格遵守制定的规定

（4）安全巡逻（岗位巡视）

安全管理是指在事故或灾害发生之前发现造成其原因的风险因素，并进行适当的处理。对岗位的安全活动来说，重要的是看到实际现场后进行评价，而不应该通过书面文件来评价，岗位巡视正是为了事先发现岗位中的风险而实施的。

①确认现场是否有发生灾害的危险，并且当场进行纠正。

②确认安全卫生委员会上的决定与在早课等指导事项在现场的实施情况。

③在实施现场作业时，保持适度的紧张感与集中力。

经常听到有人说“岗位巡视给人感觉太墨守成规了”，“每天巡视都指出同样的问题”等意见，但岗位巡视必须要定期进行才有意义，为了保持岗位上的紧张感，提高每个人的安全意识，岗位巡视是必不可缺的工作。

我们需要谨记，如今已经从防止事故再次发生的时代逐渐转变为事先将事故防患于未然的时代了。因此，发现岗位上潜藏的风险是重要的工作。尤其对于管理人员和安全工作人员来说，需要在现场观察实际情况。

比起一项项地纠正各种现象，高层的岗位巡视更加注重培养岗位的安全意识。这不仅可以表现出高层对安全的态度，而且也是理解全体岗位的员工是在怎样的气氛中工作的良好机会。

岗位巡视的目标根据实施者的不同而不同。表 2–15 是笔者以菊地昭所著的《为了发现风险的岗位巡视》[①]为基础总结的内容。

表2–15　主要的岗位巡视

岗位巡视的实施者	目的
1. 高层(干部、事业所长)	· 表示高层的态度，培养全体岗位员工的安全意识
2. 安全卫生委员会委员 (调查审议机关)	· 法令规定必须进行巡视 · 安全卫生委员会活动的活跃化
3. 安全卫生员工 (安全管理人员、卫生管理人员、产业医生)	· 拥有专业知识的负责人站在专业立场进行巡视 · 通过有经验的熟练人员的判断力，检查各岗位员工没有注意到的事项 · 发现不安全行为、不安全状态并进行纠正

① 菊地昭:《为了发现风险的岗位巡视》, p.11–17，中央劳动灾害防止协会（2008）。

续表

岗位巡视的实施者	目的
4.管理监督人员 (熟知岗位和作业内容的管理人员)	·作为流水线安全卫生管理的负责人进行巡视 ·完成保护自己岗位的管理责任
5.作业人员	·从“被观察的立场”转变为“观察的立场”,可以有效地促进安全卫生教育
6.外部专家	·以第三者的立场从专业层面指出风险

法令规定的岗位巡视

①卫生管理人员:有义务每周进行 1 次以上。

②产业医生:有义务每月进行 1 次以上。

③安全管理人员:有义务进行岗位巡视。

对安全管理人员来说，岗位巡视是重要的职责，因此没有规定的巡视次数。

菊地昭提倡从“岗位巡视”转变为“岗位巡思”，即巡视人员站在发生灾害的立场上，观察在岗位上工作的员工进行作业，从“怎样才能避免发生灾害”的逆向思维思考并提出建议。他提出了“岗位巡思”的六项原则[①]。

这一观点可以有效地解决墨守成规的岗位巡视问题，并且可以应用于发现风险、防范事故于未然的岗位巡视当中。

① 菊地昭:《为了发现风险的岗位巡视》，p.21，中央劳动灾害防止协会（2008）。

“岗位巡思”的六项原则

重点 1 怎样才会发生灾害？

重点 2 观察到看不到的事物。

重点 3 从事物的状态思考行动。

重点 4 从稳定状态思考不稳定状态。

重点 5 思考不安全行为。

重点 6 思考现象的背景。

（5）危险预知（KY）

将风险评估与 KY 相结合的活动是发现、掌握、解决作业中潜藏的危险因素的方法之一，在今后的安全管理当中，该活动将成为防范事故于未然的核心。

KY 很多时候是在作业开始前，用短暂的时间检查当天作业哪里有危险、有什么危险，并没有进行详细的讨论。大家全体决定的行动目标也往往容易停留于可以马上实施的工作。

但是，个人所提出的危险现象与对策当中还包括了需要对设备或是作业方法进行根本性讨论的事项。我们需要对 KY 中讨论到的事项做好笔记，将其作为安全卫生对策的讨论事项，并且与接下来的安全活动联系在一起。这样才能促进 KY 活动的积极化、活跃化。

在与风险评估的关联方面，KY 的对象是即使实施风险降低措施也会残留的风险（残留风险）。在日常进行 KY 的岗位，平时就会训练人员去发现危险，这样对危险的感受性（风险感受能力）也会提高。此外，在风险评估当中也能顺利地确定危险源。

如表 2–16 所示，4 回合方法是进行 KYT 的基本方法。

表2–16　KYT 4回合方法

内容		
1.把握现状	潜藏着怎样的危险	· 指出问题，潜藏着怎样的危险 · 自由地指出问题，避免批判其他成员指出的内容
2.探索本质	这是危险的重点	· 在指出全部问题以后，成员之间讨论该问题的原因等，整理问题
3.确立对策	你会怎么做呢	· 关于整理好的问题，列举出改善方案、解决方案等
4.设定目标	我们要这么做	· 成员之间讨论解决方案并达成协议，总结行动目标

第3章

风险评估

<table>
<tr><td rowspan="4">1. 风险评估的基本程序</td><td>· 筛选出危险有害因素</td></tr>
<tr><td>· 风险预估</td></tr>
<tr><td>· 风险评价与风险降低对策的讨论</td></tr>
<tr><td>· 风险降低对策的实施</td></tr>
<tr><td colspan="2">2. 风险评估的实施情况</td></tr>
<tr><td rowspan="2">3. 风险容许</td><td>· 日本与欧美对风险的认识</td></tr>
<tr><td>· 风险管理区分与优先度</td></tr>
<tr><td rowspan="3">4. 使用风险评估的安全卫生对策</td><td>· 设备设计者与使用者的责任分担</td></tr>
<tr><td>· 招标企业实施风险评估</td></tr>
<tr><td>· 危险预知与风险评估</td></tr>
<tr><td colspan="2">5. 风险评估的课题</td></tr>
</table>

3.1 本章的重点

风险评估（Risk Assessment）是指事先评价危险性，其真正的意义在于“事先发现危险的地方，事先评价其具有多大的危险性，并且根据该评价的大小采取措施”①。

过去的安全对策大多是针对已经发生的事故，在事后才采取对策。今后我们需要采取防范事故于未然的安全对策，其重点是风险评估。

风险评估是与《劳动安全卫生法》修改版、《机械综合性安全标准》相对应的指针，是劳动安全管理系统等的主要项目，在今后的安全管理当中将起到重要的作用。重视风险评估的理由如下所示：

重视风险评估的理由

1. 因为无法处理所有风险，所以有必要预估风险大小、评价是否可以接受、决定其优先次序、实施风险降低措施。

2. 最近事故与灾害的发生率已经降至很低了。我们不再像过去一样在事故发生之后才采取对策，而是需要积极地发现潜藏的风险，进行防范事故于未然的管理。

3. 为了履行向公司内外进行与安全相关的解释的责任，越来越有必要实施风险评估。

---

① 向殿政男：《风险评估详解——防范事故于未然的技术》，p.3，中央劳动灾害防止协会（2003）。

在ISO 31000当中，风险评估的步骤以及风险管理系统如图3-1所示。

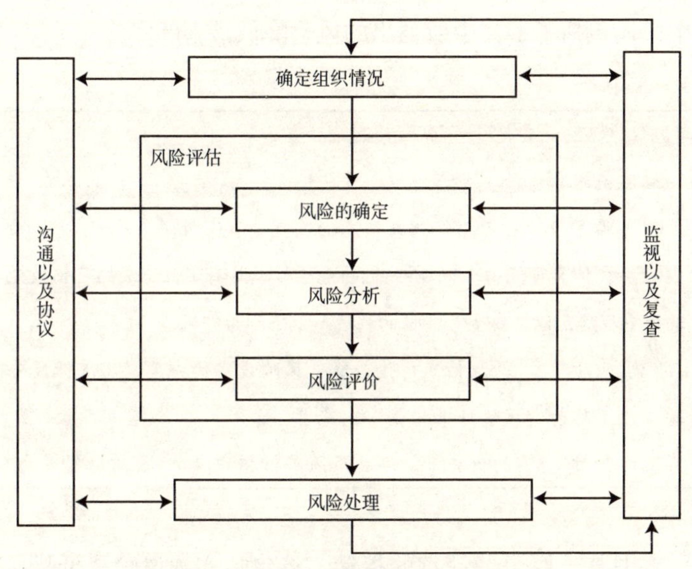

图3-1　ISO 31000的风险管理流程

出处：野口和彦：《风险管理——支持完成目标的管理技术》，p.45，日本规格协会（2009）。

①从组织的层面来讨论、决定对象风险的类型（风险的确定）。

②根据风险类型决定分析方法（风险分析）。

③标准化地评价风险分析的结果（风险评价）。

ISO规定的风险评估中并没有包括实施风险降低措施，但是机械安全中的风险评估定义为包括判断与安全对策在内的周期性改善，一般会采取加入一部分风险管理的形式进行应用[①]。

在厚生劳动省的《与危险性或有害性等调查等相关的指针》当中，还包括了下文中所列出的风险降低措施的实施[②]。

《与危险性或有害性等调查等相关的指针》

3. 实施内容

（1）确定与劳动者工作相关的危险性或是有害性。

（2）预估有可能由（1）所确定的危险性或是有害性造成的负伤或是疾病的严重程度，以及发生可能性的程度（以下称为“风险”）。

（3）基于（2）的预估，讨论为降低风险设定优先度以及降低风险的措施（以下称为“风险降低措施”内容）。

（4）针对（3）的优先度，实施风险降低措施。

本书基于厚生劳动省的指针，将包括实施风险降低措施在内的风险评估的程序整理为图 3–2。

在实施程序当中，“筛选出危险源并将其作为风险评估的对象”与“为了实施降低风险的措施而设定优先度（判断是否在可以允许的范围内）”两点是风险评估的难点。本章以此为重点介绍风险评估。

① 向殿政男：《风险评估详解——防范事故于未然的技术》，pp.77–79，中央劳动灾害防止协会（2003）。

② 厚生劳动省劳动基准局：《与危险性或有害性等调查等相关的指针》，2006年3月10日，http://www.mhlw.go.jp/topics/bukyoku/roudou/an-eihou/dl/060310.pdf

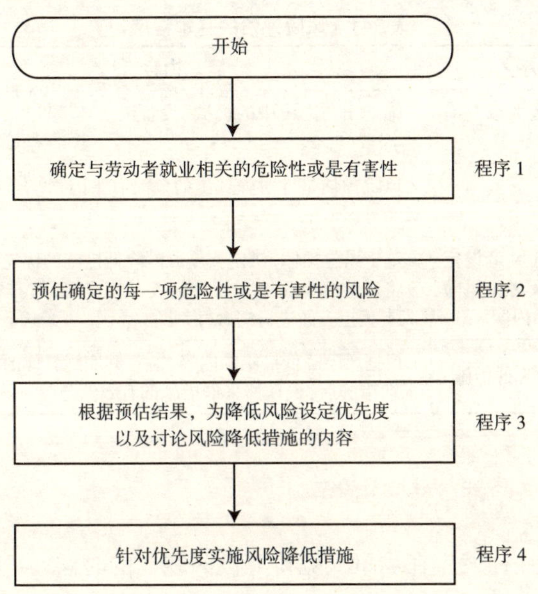

图 3-2　风险评估的基本实施程序

出处：中央劳动灾害防止协会编：《2012 年度安全的指标》，p.44，中央劳动灾害防止协会（2012 年 5 月 29 日）。

3.2 风险评估的基本程序

风险评估的基本程序如表 3-1 所示。

表3-1 风险评估的基本程序

程序	内容
1.确定危险性或是有害性	·筛选出与岗位中的机械、设备以及环境等相关的危险有害因素
2.预估风险	·风险预估是针对筛选出的危险有害因素，客观地把握风险大小
3.为了降低风险设定优先度以及讨论风险降低措施的内容	·基于风险预估，决定实施风险降低措施的优先度 ·将风险降低至哪一程度需要从安全确保、技能可能性、成本负担方面进行综合性判断
4.实施风险降低措施	·根据风险降低措施的内容，制订并实施具体的改善计划。采取措施后，确认所采取措施的有效性与改善效果

(1) 确定危险性或是有害性

事故往往发生在当事人觉得“没问题”的时候。

筛选危险源首先需要有效利用核对表等，进行网罗式的列举。

作为对象的作业、设备、工厂设施等都有独特的特点，因此某些地方只有熟悉该作业、设备、工厂设施的“专家”才弄得清楚。但是随着操作人员越来越熟练，容易因为不方便使用而让安全装置无效化或是省略其使用。此外，随着年龄增长，个人的身体能力也会有所衰退，如果以和过去相同的感觉进行操作的话，有时会导致受伤。

某些事项就算在核对表当中被选为“危险源”，也不一定会作为“危险源”的对象实施风险评估。比方说，在新泻中越洋面地震发生后，福岛核电站对耐地震性进行了重新评价，当时列举了海啸和室外重要建筑物，但是将其作为了下次的检查项目[①]。像这样，在实施风险评估需要可以感知到列举出的危险源拥有危险性的“风险感受”。在风险评估中最难的是筛选出危险有害因素。

在实施风险评估时应该考虑的事项

厚生劳动省的风险评估指针规定了实施风险评估的时期，具体如下所示[②]：

> 5. 实施时期
>
> （1）企业应该在以下 a 到 e 项的作业等时期进行调查。
>
> a. 设置、移转、更改或是拆卸建筑时。
>
> b. 使用新的设备或是进行变更时。
>
> c. 使用新的原材料或是进行变更时。
>
> d. 采用新的作业方法或作业程序或是进行变更时。
>
> e. 其他以下列举的情况等，单位中的风险发生变化或是有可能发生变化时。
>
> （a）曾经发生过劳动灾害时或是在过去的调查等当中出现问题时。
>
> （b）距上次调查等经过一定时间，机械设备等由于年限过长而劣化、更换劳动者等原因造成的劳动者相关安全卫生知识经验的变化、出现大量与新的安全卫生相关的意见时。

---

① 经济产业省原子力安全保安院：《关于福岛第一核电站与第二核电站的耐地震性评价》，2009 年 7 月，http://www.pref.fukushima.jp/nuclear/old/info/pdf-files/100805-13.pdf

② 厚生劳动省劳动基准局：《与危险性或有害性等调查等相关的指针》，2006年3月10日，http://www.mhlw.go.jp/topics/bukyoku/roudou/an-eihou/dl/060310.pdf

此外如下所示，风险评估指针列举了作为风险评估对象的具体作业事例[①]。

作为风险评估对象的具体作业事例
1. 过去发生过劳动灾害的作业。
2. 存在不伴随劳动灾害的危险现象（隐患事例）的作业。
3. 劳动者日常感觉到不安的作业。
4. 使用过去发生过事故的设备等的作业。
5. 操作复杂的机械设备等的操作。

从原则上来说，组织作业的企业需要亲自收集必要的信息，不过在如图 3–3 所示的情况下难以亲自收集，因此需要获得机械厂商与招标企业实施的风险评估信息。

从外部引进、购买新的机械设备时	⇨	要求该机械设备等的厂商在设计、制造阶段实施风险评估等，并获得其结果
在使用或是改造自己没有管理权限的机械设备时	⇨	获得拥有管理权限的人员所实施的风险评估等
数家企业在同一场所进行作业时	⇨	为了防止混合作业造成的劳动灾害，需要获得招标企业所实施的风险评估
数家企业在机械设备等有可能倒下的地方等危险场所进行作业时	⇨	获得招标企业所实施的关于危险场所的风险评估

图3–3　使用机械的企业在风险评估中获得的信息

出处：厚生劳动省都道府县劳动局劳动基准监督署：《尝试进行风险评估与危险性或有害性等调查等相关的指针》，http://www.mhlw.go.jp/topics/bukyoku/roudou/an–

---

① 厚生劳动省都道府县劳动局劳动基准监督署：《尝试进行风险评估与危险性或有害性等调查等相关的指针》，http://www.mhlw.go.jp/topics/bukyoku/roudou/an–eihou/dl/060421–1a.pdf

eihou/dl/060421-1a.pdf

野口和彦将筛选现在的业务中潜藏的风险的重点整理如下①：

> **筛选现在的业务中潜藏的风险**
>
> 1. 讨论现在该行为违反规则的事项。
> 2. 讨论规则不符合现状、存在问题的事项。
> 3. 讨论虽然认为有改善的必要，但并没有做到的事项。
> 4. 整理经常发生的问题。

为了发现危险源的注意事项

基本上来说，只要按照规定进行作业的话就不会发生事故。

为了发现危险源，有五项注意事项。第一，新设定或是变更人、设备、原材料、作业方法、作业环境等时。第二，包括类似设备、工厂设施的事故在内的过去的灾害事例。第三，人与设备的变化。第四，残留的风险信息。第五，现状中的缺陷。

表3-2是笔者在这些信息的基础上所总结的发现危险源对象的重点事项。

① 野口和彦：《风险管理——支持完成目标的管理技术》，p.64，日本规格协会（2009）。

表3-2 发现危险源对象的重点事项

分类	内容	相关法令·指针
1.新增或是变更事项	·设置、转移、变更或是拆卸建筑时 ·新增设备或是进行变更时 ·采用新原材料或是进行变更时 ·采用新作业方法或是作业程序时，或是进行变更时	《劳动安全卫生法》修改版 风险评估指针
2.过去的灾害事例	·过去发生过劳动灾害的作业 ·还没有导致劳动灾害的危险现象(隐患事例等) ·使用过去发生过事故的设备的作业	风险评估指针
3.人、设备的变化	·机械设备等由于年限过长而劣化、损坏 ·更换劳动者	风险评估指针
4.前阶段风险评估的残留风险信息	·机械制造方实施的风险评估中残留的风险信息 ·招标企业实施的风险评估中残留的风险信息	机械综合安全指针 制造业招标方指针
5. 现状中的缺陷(劳动者感觉到不安全的事情)	·规定与现场实际情况不符的作业 ·认为有改善规定的必要，但并没有得到改善的事项	

（2）预估风险

风险大小需要将有可能发生危害的严重程度与危害的发生概率结合在一起进行预估，如图 3-4 所示，我们可以将危害的发生概率（可能性）与危害的严重程度（重大性）为坐标轴对风险进行预估。

定量化地衡量风险总会出现不够明确的情况。如果有事故统计数据的话就可以掌握事故的概率，即事故以怎样的频率发生，但实际上没法获得正确的结果。因此，需要将其分为几大层次进行处理。

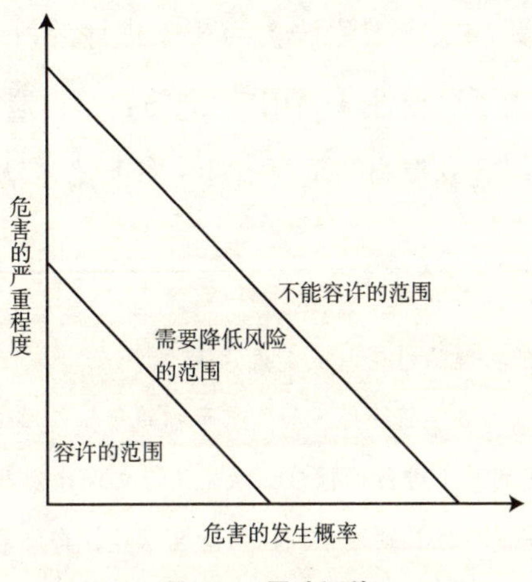

图3-4　风险评价

不过，我们虽然不能严格进行定量分析，但是通过将风险大小分层，可以为风险排序并进行评价。

（3）为降低风险而设定优先度以及讨论风险降低措施的内容

风险评价

在日本实施风险评估的话，容易让人误解是要将风险降低至零。然而风险评估希望达到的安全是“消除不能接受的风险”。

厚生劳动省在《与危险性或有害性等调查等相关的指针》[①]中指出，其在降低风险方面追求达到“最低合理可行”（ALARP）的水平。这表现了风险评估指针已经领先了日本社会的认识，采用的是风险基础的判断标准。

① 厚生劳动省劳动基准局:《与危险性或有害性等调查等相关的指针》,2006年3月10日，http://www.mhlw.go.jp/topics/bukyoku/roudou/an-eihou/dl/060310.pdf

日本的《劳动安全卫生法》与相关指针的目标并不是绝对安全，而是沿用了全球性 ALARP 标准的思路，这可谓是对今后总体的安全管理造成影响的重要指针（参照第 7 章）。

> **与危险性或有害性等调查等相关的指针**
>
> 10. 风险降低措施的讨论以及实施
>
> （2）（省略一部分）将降低风险所需承担的负担与通过降低风险达到的防止劳动灾害的效果进行比较时，除了两者之间出现非常显著的不平衡，且认为采取措施极其缺乏合理性的情况以外，需要尽可能实施优先度高的风险降低措施。

是否可以接受风险的判断

我们一般通过矩阵、数值化的方法来判断是否可以接受风险。“可以允许的范围”和“不能允许的范围”需要根据其各自所处的状态、当时的技术水平、社会状况等多方面因素来决定。是否可以接受风险并没有相关指标，最终需要根据当事人之间商量的情况来决定。

基本上来说，风险大小需要通过“危害大小”与“危害的发生概率”进行评价。关于对风险的接受有两种观点，一种观点如图 3–4 所示，在评价风险大小时对危害大小和危害发生概率一视同仁，另一种观点认为即使发生概率极低，也绝对不容许出现死亡事故之类的重大灾害。

图 3–5 是风险评估指针中登载的风险评价方法的例子。

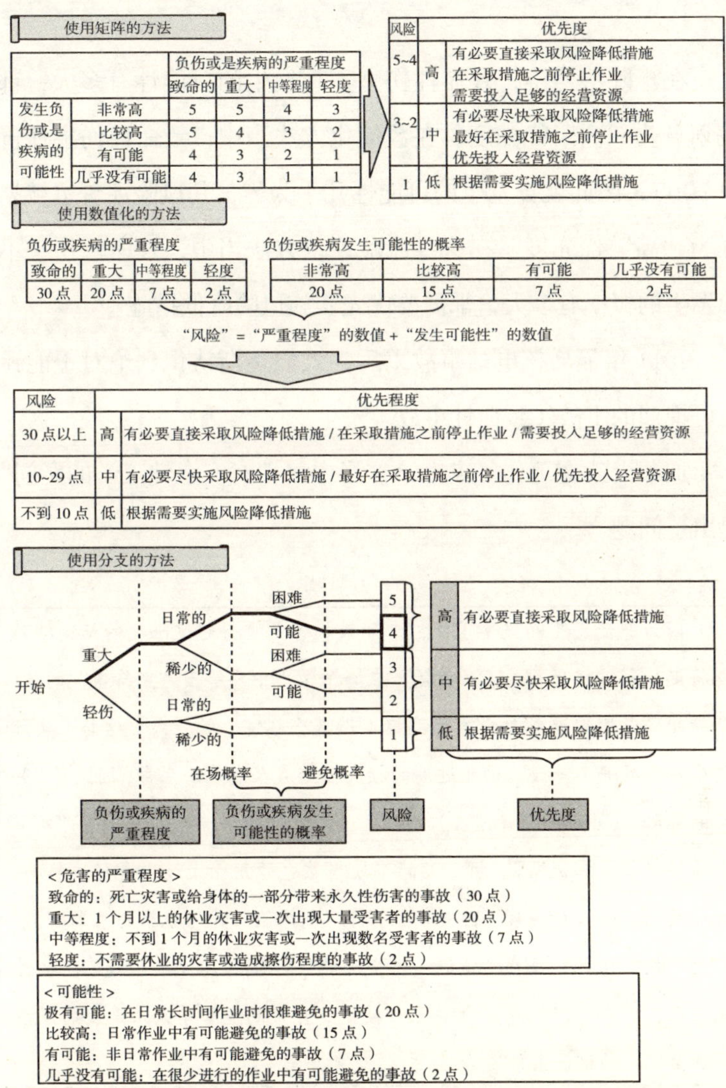

使用矩阵的方法
负伤或是疾病的严重程度
致命的
重大
中等程度
轻度
发生负伤或是疾病的可能性
非常高 5 5 4 3
比较高 5 4 3 2
有可能 4 3 2 1
几乎没有可能 4 3 1 1
风险
优先度
5~4 高 有必要直接采取风险降低措施
在采取措施之前停止作业
需要投入足够的经营资源
3~2 中 有必要尽快采取风险降低措施
最好在采取措施之前停止作业
优先投入经营资源
1 低 根据需要实施风险降低措施
使用数值化的方法
负伤或疾病的严重程度
致命的 重大 中等程度 轻度
30 点 20 点 7 点 2 点
负伤或疾病发生可能性的概率
非常高 比较高 有可能 几乎没有可能
20 点 15 点 7 点 2 点
“风险” = “严重程度”的数值 + “发生可能性”的数值
风险
优先程度
30 点以上 高 有必要直接采取风险降低措施 / 在采取措施之前停止作业 / 需要投入足够的经营资源
10~29 点 中 有必要尽快采取风险降低措施 / 最好在采取措施之前停止作业 / 优先投入经营资源
不到 10 点 低 根据需要实施风险降低措施
使用分支的方法
开始
重大
轻伤
日常的
稀少的
日常的
稀少的
困难
可能
困难
可能
5
4
3
2
1
高 有必要直接采取风险降低措施
中 有必要尽快采取风险降低措施
低 根据需要实施风险降低措施
在场概率
避免概率
负伤或疾病的严重程度
负伤或疾病发生可能性的概率
风险
优先度
<危害的严重程度>
致命的：死亡灾害或给身体的一部分带来永久性伤害的事故（30 点）
重大：1 个月以上的休业灾害或一次出现大量受害者的事故（20 点）
中等程度：不到 1 个月的休业灾害或一次出现数名受害者的事故（7 点）
轻度：不需要休业的灾害或造成擦伤程度的事故（2 点）
<可能性>
极有可能：在日常长时间作业时很难避免的事故（20 点）
比较高：日常作业中有可能避免的事故（15 点）
有可能：非日常作业中有可能避免的事故（7 点）
几乎没有可能：在很少进行的作业中有可能避免的事故（2 点）

图3–5　通过矩阵、数值化法、分支法进行风险评价

出处：笔者根据厚生劳动省安全卫生部安全课：《与危险性或有害性等调查等相关的指针同解说》，2006 年 3 月 10 日，http://www.mhlw.go.jp/topics/bukyoku/roudou/an-eihou/dl/060310.pdf 的数据制作而成。

在矩阵法当中，致命性伤害不管发生的可能性有多大，都被划分为“高”优先度。在数值化方法当中，致命性伤害评价为30点，因此就算发生的可能性几乎为零，其风险评价也被划分为“高”优先度。在这些风险评价方法当中，致命性伤害不管发生的概率有多大，都需要优先实施风险降低措施。

2011年福岛核电站事故以后，人们逐渐认识到绝对不能让无可挽回的事故（致命性事故）发生。

加藤尚武在著作《灾害论》当中以“对安全性工学的疑问”提出了问题[①]。

> 因为即使发生的概率很低，但如果损害严重得超过限度的话，就不能将期待利益视为利益了。但是，在概念学当中要给出“期待值”的话，会使用“低概率造成大损害 = 高概率造成小损害”的等式。这与人实际的生活态度并不一致。由于过度的损失会造成人类无法生存，因此对“异常的危险”（abnormal danger）采取无过失责任的法律论即意味着“实际上需要降低至零风险”。核电站的事故当然也适用于无过失责任。然而，核电站的安全设计原理（PSA）当中将“期待值”作为概率的基本概念。因为“期待值”建立在“低概率造成大损害 = 高概率造成小损害”的等式之上，所以（在概率论上）无法接受“异常的危险事实上是要将风险降低至零”的这一条件。

关于应急行动水平，美国职业安全与健康管理局

① 加藤尚武：《灾害论——对安全性工学的疑问》，前言 iii，世界思想社（2011）。

（Occupational Safety and Health Administration：OSHA）规定了行动计划的构成项目，国家安全委员会（National Security Council：NSC）将其表示为表 3–3 的指南。

考虑到日本的实际情况，只要查明化学工厂设施发生事故的原因并采取防止再次发生的措施，就能获得工厂恢复生产的许可。这是因为人们一般认为化学工厂设施的事故发生在各个企业的内部，很少会影响到别的地区。另一方面，预计核电站在事故发生后恢复生产将会碰到重重的困难，这是因为该事故导致核辐射影响到广大的地区。依据这一思路的话，就能理解表 3–3 的应急行动水平了。

表 3–3　应急行动水平(EAL：Emergency Action Level)

EAL	危机大小与影响范围
程度 1 警戒程度(Alert)	得到控制的火灾、爆炸等灾害，通过公司内部的组织可以防止灾害的程度。
程度 2 公司内部紧急事态 (Site emergency)	可能会对公司附近地区带来影响的火灾、爆炸、有害物质的泄漏等紧急灾害，但还不至于影响到别的地区的程度。需要这一地区的消防、警察、医疗机构等进行支援的危机程度。
程度 3 紧急事态 (General emergency)	发生最大的危机性事态，灾害会影响到整个社会的危机程度。

出处：松本俊次：《以风险为基础的机械安全现状与今后的课题》，《劳动安全卫生研究》，Vol.3，No.1，p.41（2010）。

加藤尚武提出的问题也可以视为引发人们思索“对各大企业来说致命的灾害究竟是什么”这一问题的重要线索。

企业想要存活下来，实际上不可能做到“为了降低风险而无限度地投入金钱”，但是我们应该考虑杜绝发生致命性灾害，实施风险评估。

（4）讨论风险降低对策

风险降低对策需要通过国际安全标准来决定对策的优先次序，风险评估指针也依据该标准决定对策的优先次序。

国际安全标准的观点又被称为“三大步骤方法”，风险降低方案的实施顺序如图 3–6 所示，按照（1）（2）（3）的顺序决定其适用的事项。

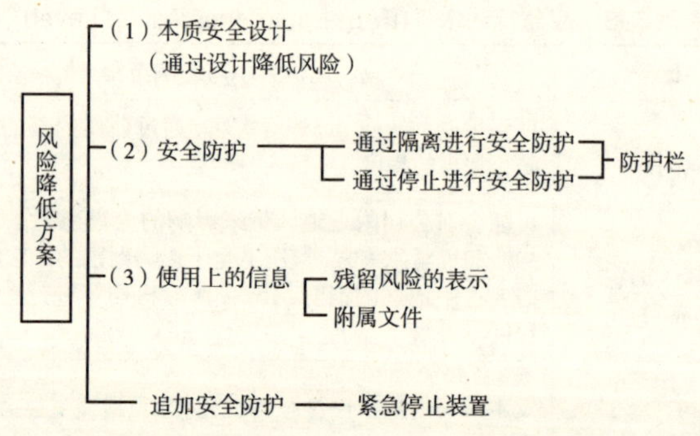

图3–6 风险降低方案——三大步骤方法

出处：向殿政男：《风险评估详解——防范事故于未然的技术》，p.139，中央劳动灾害防止协会（2003）。

最优先实施的是“本质安全设计（通过设计降低风险）”，

接着是为了避免人和机械、设备的接触实施“安全防护”。通过这些措施仍然无法解决的风险接下来需要告知使用者“使用上的信息”。这一方案基于以下思路：人不可避免地会犯错，我们需要实施对策，达到即使人出错也不会产生严重后果。

表 3–4 是笔者以中央劳动灾害防止协会的《安全的指标》中记载的风险降低措施为基础，添加一部分内容制作而成的结果。

表 3–4　风险降低措施

<table>
<tr><td>(1)</td><td colspan="2">实施法令规定的事项(当有该事项时)</td></tr>
<tr><td rowspan="2">(2)</td><td>①设计与计划阶段的措施</td><td>· 设备与系统的本质安全化
· 停止、变更危险的作业
· 用危险性、有害性低的材料代替
· 变更为更加安全的实施方法等</td></tr>
<tr><td>②工学措施</td><td>· 防护装置
· 连锁
· 安全装置
· 局部排气装置等</td></tr>
<tr><td rowspan="2">(3)</td><td>③管理对策</td><td>· 修改标准手册
· 禁止进入的措施
· 泄露管理
· 教育训练</td></tr>
<tr><td>④使用个人保护用具</td><td>对采取了上述①~③的措施也不能全部消除、降低的风险实施。</td></tr>
</table>

（1）将法令规定的事项作为应该最低限度实施的事项，采取切实的措施。

（2）接着，根据“三大步骤方法”实施风险降低对策。

采取①本质的安全对策，②工学对策。

（3）③④是提供使用上的信息与附加的安全防护。这些是在难以实施①②的措施时不得不采取的措施。

3.3 风险评估的实施情况

中央劳动灾害防止协会的“与风险评估、劳动安全卫生管理系统的实施、普及促进方案等相关的调查研究委员会”在2009年总结了调查报告[①]。

（1）实施体制与教育研修

根据调查报告，多达80.6%的单位认为风险评估的实施体制不够充分。

在调整实施体制所需要的事项当中，加强作业人员的理解（85.7%）、加强流水线管理监督人员的理解（64.3%）、提高安全卫生员工的能力（57.1%）所占的比例高。

关于实施风险评估时与区域内合作公司的合作关系，与区域内合作公司共同实施风险评估的比例为50.9%。

① 中央劳动灾害防止协会:《与风险评估及劳动安全卫生管理系统的普及情况与促进方案等相关的调查研究报告书》摘要版（2009年3月），http://www.jisha.or.jp/research/pdf/risk-oshms_summary.pdf

中央劳动灾害防止协会：《与风险评估及劳动安全卫生管理系统的普及情况与促进方案等相关的调查研究报告书》2009年3月，http://www.jisha.or.jp/research/report/2009_2.html

（2）实施风险评估带来的效果

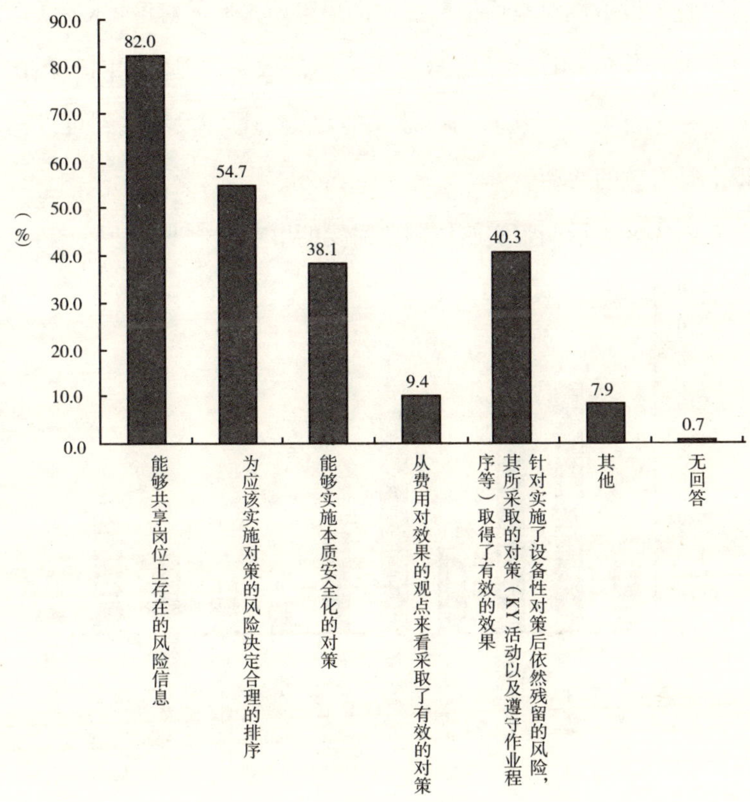

图3-7　通过实施风险评估所获得的效果

出处：中央劳动灾害防止协会：《与风险评估及劳动安全卫生管理系统的普及情况与促进方案等相关的调查研究报告书》摘要版（2009 年 3 月），http://www.jisha.or.jp/research/pdf/risk-oshms_summary.pdf

中央劳动灾害防止协会：《与风险评估及劳动安全卫生管理系统的普及情况与促进方案等相关的调查研究报告书》2009 年 3 月，http://www.jisha.or.jp/research/report/2009_2.html

如图 3-7 所示，①共享岗位上存在的风险信息；②为需要采取对策的风险合理地排序；③实施本质安全化的对策；④针对实施了设备性对策后依然残留的风险所采取的对策（KY 活动以及遵守作业程序等）等取得了一定的效果，但与此同时存在着另一个课题，即从费用对效果的观点来看并没有达到可以称得上是有效的活动。

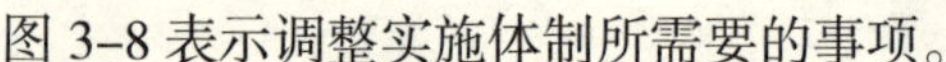
图 3-8 表示调整实施体制所需要的事项。

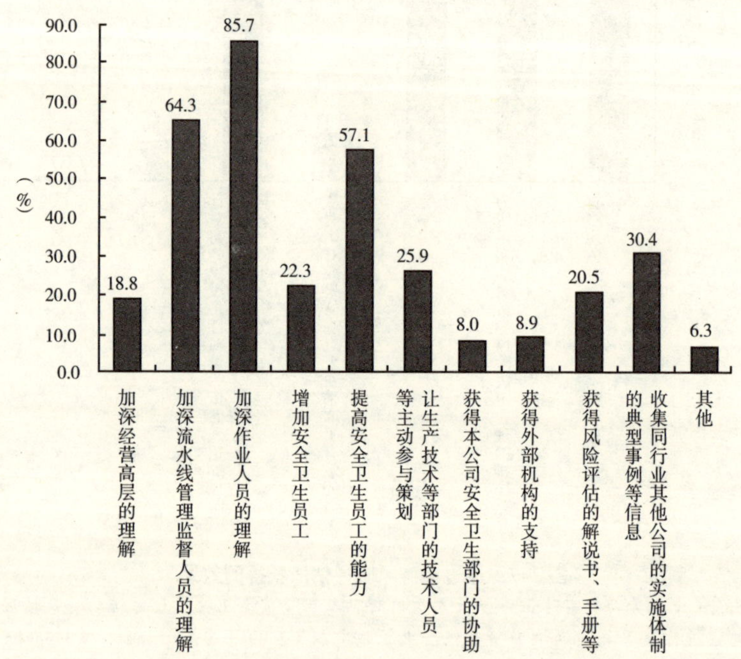

图 3-8　调整风险评估的实施体制所需要的事项

出处：中央劳动灾害防止协会：《与风险评估及劳动安全卫生管理系统的普及情况与促进方案等相关的调查研究报告书》摘要版（2009 年 3 月），http://www.jisha.or.jp/research/pdf/risk-oshms_summary.pdf

中央劳动灾害防止协会:《与风险评估及劳动安全卫生管理系统的普及情况与促进方案等相关的调查研究报告书》2009 年 3 月，http://www.jisha.or.jp/research/report/2009_2.html

（3）从风险评估的实施情况所观察到的课题

厚生劳动省的调查报告书中将风险评估的引进阶段以及实施阶段的难点总结如下[①]：

①难以确保面向作业人员实施教育研修的时间以及安全卫生员工。

②为了在现场现有业务的基础上加入风险评估，需要花费一番努力才能让人理解其必要性。

③尽管通过努力降低了风险水平，但陷入陈规旧套当中，付出的努力不见起色。

④在程序当中难以确定危险性或是有害性。

⑤采取风险降低措施，特别是在机械设备的硬件方面实施改善需要花费一番工夫。

基于以上内容，可以得出实施风险评估有以下三大课题：

① 中央劳动灾害防止协会:《与风险评估及劳动安全卫生管理系统的普及情况与促进方案等相关的调查研究报告书》摘要版（2009 年 3 月）。

实施风险评估的课题

①即便被列为危险源，但是并没有表面化，表面上正常运转的问题难以成为风险评估的对象。

②对接受风险的容许标准达成一致。

③实施风险评估的经营资源。

· 确保实施风险评估的人员与教育。

· 为实施风险降低措施的预算措施。

危险的状态并不是指马上就要发生事故的状态。事故总是发生在之前人们认为“不要紧”而进行作业的时候。此外，技术人员容易犯的一个错误是注意力都集中在核心的技术方面，而容易忽视周边部分。网罗性检查也有其局限性，从结果来看，重点在于从业者的风险感受问题。

为了实施风险降低措施而投入经营资源面临着一大问题，即经营高层是否将安全确保作为经营的重要事项之一。

3.4 风险容许

可以接受哪一程度的风险？

日本与欧美对安全的认识差异有两个重点。

第一，日本一般只区分“安全”与“危险”，而欧美则认为一共有三个范围，在“安全”与“危险”之间还存在名为

“ALARP 范围”的灰色区域。

第二，日本认为安全是“零风险”，欧美则以“现实中可行的风险为实质上的安全目标”，并将不存在无法接受的风险判断为“安全”。

ALARP（As Low as Reasonably Practicable）原则基于在最低合理可行的范围内降低风险的观念，对属于 ALARP 范围内的风险持有“虽然不能接受风险，但是在适当控制的条件下，采取忍受风险的权宜手段”的态度。

也就是说，这种观点认为尽管将风险控制得越小越好，但是为了降低风险无限度地投入资源（人、物、金钱）也并非合理的选择。当降低风险所需要的费用比获得的利益要大很多时，不得不忍受（Tolerable）风险。图 3-9 是笔者将现在日本社会对安全的认识与欧美对安全的态度进行比较的结果。

ALARP 原则的风险标准（年死亡概率）

1×10^{-4} ~ 1×10^{-3} 以上 不能容许。

1×10^{-6} 以下 可以广泛性接受。

其中间即是 ALARP 的范围。

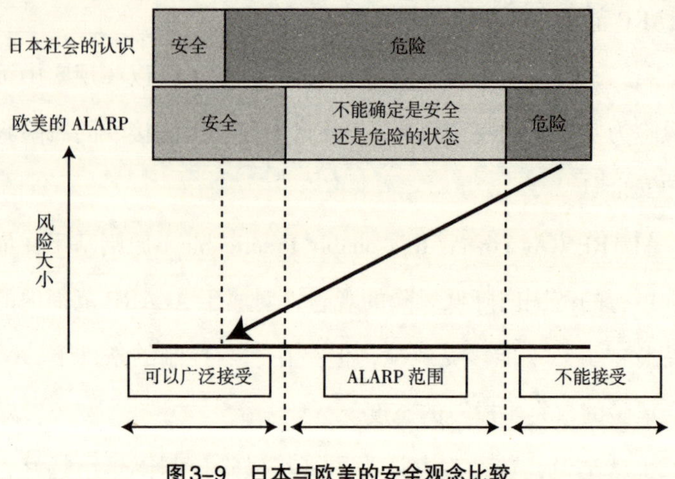

图 3–9　日本与欧美的安全观念比较

风险评估指针规定安全不是“零风险”状态，而是“最低合理可行”的风险状态。

> **风险评估指针的实施通知**
>
> **10. 关于风险降低措施的讨论及实施**
>
> 其规定了在合理可行的范围内，通过实施优先次序更高的风险降低措施，将风险适当地降低至“最低合理可行”（ALARP）水平的观点。
>
> 此外，就算是出现所需费用与降低的风险效果相比较要大很多等两者之间发生显著不平衡的情况，如果有很大可能带来死亡或是严重的后遗症等情况的话，在实施对策不能算是非常不合理的前提下，应该采取措施。

像这样，风险评估指针的内容当中引进了 ALARP 的概念，但其与 ALARP 的区别在于没有与过去的劳动灾害相结合表示出具体的风险数值，以及在带来死亡或是严重后遗症的情况下表示应该实施风险降低措施。

图 3–10 是丰田寿夫总结的“ALARP 的概念”与“风险评估指针显示的风险水平”之间的关系。

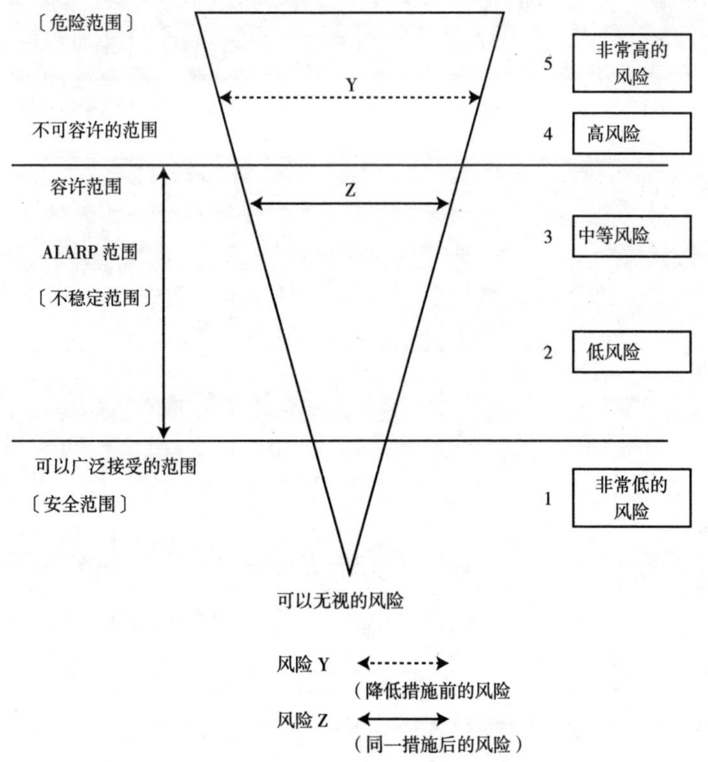

图 3–10 ALARP 的概念图与风险水平

出处：丰田寿夫：《从风险降低措施到管理系统——ALARP 达成方法的开发与系统的发展》，劳动安全卫生研究，Vol3，No.1，pp.67~78（2010）。

表 3-5 是丰田寿夫以《与危险性或有害性等调查等相关的指针的风险预估》的例子中所反映的内容（参照图 3-5）为基础，将图 3-10 所示的风险水平的内容整理而成的关系。

表3-5　风险管理区分与优先度的关系

风险管理区分	风险水平	优先度		备考
III	5	高	(特别管理) ·有必要在采取措施前停止作业	(如果实在无法停止作业，则实施特别管理作业)
	4		·有必要马上采取风险降低措施 ·有必要投入足够的经营资源	明显没有达到适当降低风险（原则上禁止作业）
II	3	中	·有必要尽快采取风险降低措施 ·在采取措施之前最好不要使用 ·有必要优先投入经营资源	由于不能判定是属于I范围还是III范围，因此将风险降低至最低合理的限度(ALARP范围)
	2			
I	1	低	根据需要实施风险降低措施	明确达到降低适当的风险

出处：丰田寿夫：《从风险降低措施到管理系统——ALARP 达成方法的开发与系统的发展》，《劳动安全卫生研究》，Vol3，No.1，pp.67~78（2010）。

3.5 使用风险评估的安全卫生对策

（1）设备设计者与设备使用者的责任分担

在国际安全标准当中，为了确保机械的安全，设计者、制造者与使用者之间有着明确的责任分担。首先，设计者、制造者进行机械的风险评估，通过“三大步骤方法”实施风险降低措施。在实施风险降低措施之后依然存留的风险则作为“残留风险”告知使用者。

使用者在设计、制造者所给予的残留风险的相关信息与警告的基础上，实施使用者的风险评估，采取风险降低措施。

这一关系如图 3-11 所示。

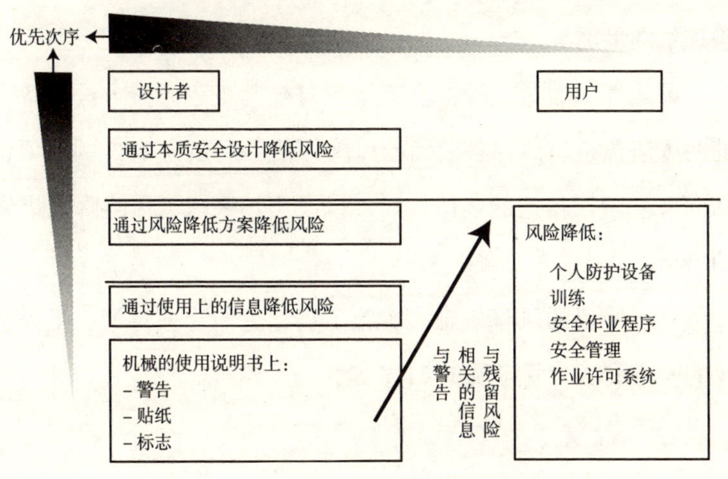

图 3-11 设计者与使用者的责任与义务的关系

出处：向殿政男：《风险评估详解——防范事故于未然的技术》，p.144，中央劳动灾害防止协会（2003）。

（2）采用风险评估的工程中的安全卫生对策

在实施工程等时，有时会因为技术、费用、时间等关系，难以采取适当的风险降低措施。此时应该将无法降低风险的事项作为残留风险告知实施工程的施工部门或合作公司等，采取遵守作业程序、禁止出入的措施以及使用个人保护用具等管理性对策。

由于遵守这些规定需要获得实际作业人员的理解、领会，所以需要在开始作业前的工程会议等当中贯彻作业前 KY。

图 3-12 是化学公司（发包商及招标企业）与合作公司（原承包商、转包承包商）合作有效利用停工维修（SDM）中的风险评估的事例。

风险评估通过工程安全措施预备会与工程施工方法预备会的两大阶段进行。在各阶段的风险评估中判断为 YES 的事项包括向下一阶段传达的残留风险，以及当场采取了风险降低措施的事项。

基于残留的风险信息，实施工程施工的管理对策、工程会议的安全确认、危险预知（KY）。

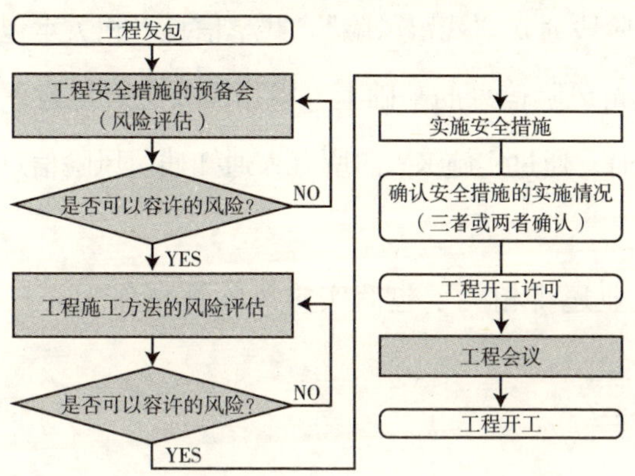

（注）NO 讨论风险降低措施。
YES 包括处理残留风险。

	目标	参加者		
		化学公司	原承包商	转包承包商
工程安全措施风险评估	设施、设备、系统的风险评价	主办	参加	
工程施工方法风险评估	在工程安全措施风险评估的残留风险信息基础上实施管理对策、个人对策		主办	参加
工程会议	在工程施工风险评估的残留风险信息基础上进行安全确认、KY			主办

图 3-12　工程等流程中有效利用风险评估的事例

出处：笔者根据厚生劳动省中央劳动灾害防止协会：《化学工业中招标企业与相关承包商的安全卫生手册》，p.51（2011 年 1 月）的内容为基础制作而成。

（3）相关承包商实施的风险评估

在实施风险评估时，重要的是必须确认当地的实际工程数量及其周边的情况。通过确认作业现场，可以发现图纸上无法察觉到的风险，并确定作业中的危险性、有害性。

通过风险评估，发现存在有无法容许的风险时，如上所述需要在下一阶段通知“残留风险”、共享信息。相关承包商在招标企业的残留风险信息的基础上，根据需要进行风险评估与安全作业。此时，通过实施 KY 向所有人通知残留风险信息是有效的手段。

有些企业还将相关承包商实施风险评估作为委托工程的条件。

（4）风险评估与危险预知

风险评估与危险预知（KY）的目的都是防范事故、灾害于未然，但两者之间的区别如表 3–6 所示。风险评估是长期讨论风险降低对策，而 KY 是对当天作业中的危险重点，展开“我们要这样去做”的讨论。

KY 活动作为防止人为错误的有效方法，根植于日本各大岗位当中。其与风险评估也有着一定的关联，即对残留风险信息采取了管理性措施以后，依然残余的风险以及源于作业人员行为的风险将交由作业人员处理。此时 KY 是有效的活动，其可以从平时开始训练发现危险之处，提高对危险的感受性，因此同时有效利用两者可以构成更加有效的安全对策。如表 3–7 所示，KY 活动通过 4 回合方法进行。

表3-6 风险评估与危险预知

	风险评估(RA)	危险预知(KY)
1. 概要	评价该车间所具有的风险大小，决定实施降低对策的优先次序，在设备、系统、作业方法等方面采取降低风险的对策 (企业从4M的视角出发，致力于避免危险的活动)	主要通过作业人员之间的讨论筛选出发当天作业中的危险因素，决定危险因素当中的重要危险因素，决定当天的行动目标 (从作业人员的行动方面来避免危险)
2. 实施主体	通过法令规定必须实施，综合管理的企业肩负综合管理的责任	当天作业开始前的自主性活动，由车间主任和作业人员一起实施，或是由作业人员实施

表3-7 KY的4回合方法

回合		重点	
1R	把握现状	潜藏着怎样的危险	自由地提出危险因素(筛选出7个项目左右)
2R	追求本质	这是危险的重点	通过成员之间的讨论整理危险因素 (缩小至1~2项重点危险因素)
3R	采取对策	你这么做	对整理出的危险因素，采取具体可行的对策 (各3项左右)
4R	设定目标	我们这么做	成员之间讨论可行的对策并达成一致看法，在此基础上分别缩小至1个项目(重点实施项目)，将其作为行动目标。
确认		设定口号(各1项)(○○ 好)(呼喊3次)	

承包商在当天作业前的会议当中，由现场监督人员、作业负责人向所有人解释风险评估等结果，让大家都能掌握工程中的残留风险信息。在此基础上，所有参加作业的人员实施作业前 KY。在确认危险的重点，确定保护自己的安全对策后再开始作业，通过该方法防止事故与灾害的发生。表3-8介绍了承包

商所实施的作业前 KY 的活动事例。

这是同时实施风险评估与 KY 的活动，也是今后重要的安全活动。

表 3–8　承包商实施的作业前 KY 的活动事例

实施时期		安全管理的重点、通知、实施事项
工程前预备会		· 招标企业向承包商通知残留风险以及基于该风险的必要措施
		· 承包商讨论自己应该实施的安全对策，记载在 KY 单上
工程当天	工程开始前	· 招标企业检查承包商的安全措施
		· 承包商使用 KY 单，由全体作业人员召开 KY 会议
		在全体作业人员都理解了内容的前提下签署确认的签名
	工程开始后	· 对危险、有害作业，招标企业需要平时亲自到场，对其他作业则实施巡视
	下午	· 在下午最早的负责人会议中确认下午的安排。向各承包商确认延误之处等等，招标企业的安全负责人、负责安全的操作人员等负责人团队确认各企业的进展情况
		· 招标企业负责人团队基于负责人会议的结果决定优先次序，进行现场巡视
	工程结束时	· 同时播放立刻切断火源的通知。承包商确认残留的火源与剩余人员
		· 由招标企业确认所有人退场

出处：笔者根据厚生劳动省中央劳动灾害防止协会：《汽车制造业中招标企业与相关承包商的安全卫生管理手册》，p.81 的图为基础制作而成。

风险评估的课题

风险评估是今后安全活动的基础。尽管其在新设备、工厂设施与大型改造等方面得到了有效的实施，但面临的课题是如何对现有工厂设施进行相关的风险评估。

由于知道最初设计现有工厂设施情况的人越来越少，而且其对象设备越来越陈旧，所以对现有工厂设施进行风险评价也越来越重要。其重点在于如何缩小风险评估的对象。

这与今后的安全管理也息息相关。实际上我们很难对所有设备都进行风险评估，因此需要根据重要度的评价，对现有设备进行区分。住友化学进行安全区分的思路是通过事先的安全区分评价，筛选出该事项是否属于风险评估对象并作为参考[①]。

b）确认各作业的现状（完成设计或是完成实施）的安全对策，设定安全区分。

安全区分的设定需要通过标准的规范（劳动省产业安全研究所[②]的安全管理区分）设想作业内容是属于危险范围还是安全范围并对其进行分类，目的是将其有效地应用于风险评价当中。在安全区分当中，可以将“①本质安全，②完全隔离，③完全停止”视为安全范围，将“④暂时停止，⑤接近弱危险点，⑥接近强危险点”视为危险范围。在分类的安全区分当中，属于安全范围内的事项原则上不需要进行风险评估，只对属于危险范围内的事项进风险评估即可。我们可以通过这一观点有效进行风险评估。

① 中央劳动灾害防止协会:《职场的风险评估事例集》,pp.130~131，中央劳动灾害防止协会（2008年）。

② 现为劳动安全卫生综合研究所。

补充：作业的安全区分

①本质安全作业：不用特别采取追加的安全对策，也能从本质上确保作业人员安全的作业。

②完全隔离作业：可以通过隔离确保作业人员安全的作业。

③完全停止作业：可以通过直接切断机械驱动电源等方法，使危险的可动部处于完全停止状态的作业。

④暂时停止作业：在危险的可动部暂时停止的状态（不切断驱动电源等，使机械处于暂时停止的状态）下进行作业。

⑤接近弱危险点作业：在接近危险点的作业当中，危险的可动部处于被限制运转的状态（可动部以低速运转的状态、只有按下按扭时可动部才会运转的状态等）下的作业。

⑥接近强危险点作业：在接近危险点的作业当中，机械的危险可动点处于通常的运转状态的作业。

正如《劳动安全卫生法》中所记载的一样，单位高层（综合安全卫生管理人员）有综合实施风险评估的责任，其内容也应提交至安全卫生委员会的议案当中。英国规定在计划实施某项业务之际，必须报告风险评估的实施情况。

经营高层需要认识到风险评估承担了安全活动的重要一环，因此要在此基础上主动地投入安全活动。

第4章

遵守规定与变更管理

1.为什么会发生不恰当的行为?	· 不恰当行为的背景 知识·技能不足 有意地不遵守 无意地不遵守
2.知识不足	· 人的能力极限与制定规定、标准的背景
3.技能不足与技能传承	· 技能传承的方法 · 技能传承的事例
4.变更管理	· 与变更管理相关的事故 · 由于变更管理不周全而发生的事故事例 · 变更管理的课题
5.变更管理的计划	· 变更管理的重点 · 变更管理中对重要度的判断
6.变更计划中对重要度的判定	· 变更管理系统的对象 · 变更重要度的判定 · 紧急作业 · 变更的实施 · 脱离标准是变更管理的对象 · 对现有设备的风险评估进行重新评价
7.人为错误对策	·JR福知山线的脱轨事故 · 经营高层对安全的态度 · 防错系统化

4.1 本章的重点

多数事故与灾害都是在脱离现行标准或规定，即从原作业变更规定之际发生的。只要作业时遵守规定与标准，基本上就不会发生事故。像这样评价变更所伴随的风险、安全推进变更的管理活动称为“变更管理”。有报告指出，由于没有进行适当的变更管理而引起的事故占整体的 2/3[①]，为了确保安全，遵守规定与变更管理是极其重要的。

无法遵守规定或标准的事例有以下三种情况：

· 情况① 对规定或标准的知识与技术不足（对策：教育、训练）。

· 情况② 有意地变更标准或规定（对策：变更管理）。

· 情况③ 无意中违反了标准或规定（对策：人为错误对策）。

根据当事人是否拥有与规定或标准相关的知识与技能，分为情况①、情况②、情况③。

情况①的对策是通过教育与训练，让作业人员掌握规定。情况②与情况③的区别在于情况②是有意不遵守规定，而情况③是想要遵守规定，但由于不小心“疏忽大意”而没能遵守，

① 滨岛京子、梅崎重夫：《着眼于信息通知与变更管理的产业机械劳动灾害分析法提案》，劳动安全卫生研究，Vol2，No.1，pp.33-34（2009）。

即分类于人为错误当中。

情况②的代表性事例是当事人认为“做到这样就可以了”，于是出现了脱离标准或规定的行为，其中包括放松质量标准、熟练人员出现的捷径省略行为、生产现场的改善建议等方面。日本的生产技术能力是由生产现场的改善活动所支撑的，但改善建议也属于标准与规定的变更，因此今后需要将其作为变更管理的对象进行考虑。

本章分析为什么会不遵守规定或标准（不恰当的行为）、变更管理的方法以及人为错误的对策。

4.2 为什么会出现不恰当的行为？

与安全相关的规定与标准是在科学的理论与过去发生的问题、事故的经验基础上制定的。如果人以自然状态行动也不会发生任何问题的话，就不需要制定规定与标准了。然而，正如“To err is human, to forgive divine”（犯错者为人，谅错者为神），“智者千虑、必有一失”等谚语所示，人很难一直采取同样的行动，不可能做到完全不犯错。

不能遵守规定，出现不恰当的行为有三个原因：

第一，规定与标准会为人的行动“定型”，这与每个人都想要自由行动的想法是互不相容的。

第二，每个人都希望尽量改善现状、提高效率，其结果以改善建议等“变更”的形式实行。

第三，人的能力、技术、周围的环境随着时代而改变，如果以前的规定或标准与现场的实际情况不符，但人们没有对这一情况进行重新审视，而是因循守旧的话，就会造成不遵守规定的开端。

中条武志将人的不恰当行为分类为如表 4–1 所示的三种情况[①]。

表 4–1　不恰当行为的分类

不恰当的行为	内容
①知识、技术不足	该作业人员、技术人员、管理人员不知道、不理解标准的内容，或是不具备依照标准操作的技术
②有意不遵守	该作业人员、技术人员、管理人员知道标准的内容，也具备依照标准操作的技术，但是由于上司催促，或是自己认为没有问题等原因，有意地没有遵守标准
③无意的错误	该作业人员、技术人员、管理人员拥有标准所需要的知识、技能，同时也想按照标准执行业务，但是不小心忘记或是弄错了

4.3 知识不足

知识不足的基本对策是教育、训练，但是光进行教育、训练并不足够。知识不足存在着两大问题：

① 中条武志：《将起因于人为因素的问题·事故防范于未然与 RCA》，p.13，日本规格协会（2010）。

第一，每个人的能力都有其极限，但制定的规定或标准超越了其极限。

第二，由于不能理解规定或标准的必要性及其背景，所以在紧急情况下无法起到作用。

小松原明哲认为人的记忆有一定的限度，“做不到的事情就是做不到”，所以对超出人的能力范围之外的事情抱有期待会导致人为错误的发生。以下引用小松原的著作《人为错误》当中的相应部分。“虽说一次能记住的项目有 7 条（最多 9 条），但这是绞尽脑汁努力去记忆时的结果，在普通情况下人最多能记住 3 条。如果一次性看到、听到更多的项目，人的短期记忆就会溢出，无法记住。因此，在早课或是作业指示中说上一大堆，也只不过是管理人员的自我安慰而已。我们必须要把真正重要的项目总结至 2~3 条。”[①]

基本动作与基本行为

Du Pont（股份公司）的安全卫生活动十分出色。受其启发，我一直遵守并且不断强调三大基本行动。“不要在场内奔跑”“不要把手放进口袋中”“在乘坐扶梯时不要双手都拿东西，用手扶住扶手”。这些行为看似简单，但实际做起来却很难，其拥有深远的意义。在公司内部制定共通的基本行为方法，并且对其进行贯彻是十分重要的。此外，通过高层带头示范可以引起认识上的变化，这必然也会对防止灾害带来有效的作用。

① 小松原明哲：《人为错误（第 2 版）》，p.32，丸善（2008）。

有效取得安全成绩的公司只设定一条标语、在实践安全活动时将行动标准缩减至 3 项以下、在危险预知（KY）活动当中将最终的行动目标集中于一点均与此点相符合。

小松原指出，如果应该记住的项目是“有意义的项目”的话，人们就容易记忆，而没有意义的项目容易弄混淆，并且容易被遗忘。

许多公司的事故调查书中都记载着：“‘Know How’可以得到继承，但‘Know Why’却没有得到继承。”也就是说，由于作业人员没能理解、领会制定规定的背景及其必要性，所以无法遵守规定或是标准，导致发生事故。

“Know Why”教育需要采取一定的方法让人理解“为什么有必要”的原理、原则。比方说，让作业人员自主地思考制定规定、标准的背景及必要性，通过与讲师反复进行互动来加深理解，这些都是有效的方法。

围棋的段位水平棋手就算没有棋谱，也能用棋子从开始下到结束。这是因为他们可以一边思考每步棋的走法，一边下棋。与此类似，我们不能将规定仅仅视为语言的罗列，而应该思考该规定制定的背景与必要性，这样才能深深铭记规定。

4.4 技能不足与技能传承

最近的技能不足主要是由于新增、改造设备的机会减少，于是作业人员经历问题的经验减少，以及随着电子化的发展，作业人员即使不具有基础知识和技术力也能操作工厂设施。

技能分为比较容易理解的显性知识与人根据实际情况判断并进行作业的技术，各大公司所苦恼的正是后者的传承。

（1）技能传承的方法

我们并非通过大脑去记忆技能，而是通过积累训练的经验，用身体去记忆技能。

如果实际经历过事故，对安全的敏感度自然会提高，但是我们不能在实际的现场当中体会这种危险。因此，我们需要在现场以外的地方设置可以模拟体验的设备与设施，通过模拟体验来掌握技能与感觉。

模拟体验可以在教育训练中心或训练模拟中心进行。此时，教育者的课题之一是不理解“受教人实际上并不知道教育者认为理所当然的事情”，对其进行单方面的教育。这是因为教育者本身就是“跟在前辈身后学习”成长的，很少有被教导的经验。因此，有必要对教育方法与教材进行讨论。

随着 IT 的发展，我们可以积累庞大的数据并将其数码化。

此外，还制作出了富有视觉性效果的动画教材。但是即便如此，将隐性知识化为显性知识仍然是艰难的工作。在此采取的方法之一是让拥有一定经验的技术人员密切关注被誉为工匠的人，详细观察其判断与行动，并将其作业内容制作为标准手册。

（2）技能传承的事例

在此介绍三井化学的技术研修中心与丰田汽车的“全球化生产推进中心（GPC）”。以下是笔者根据各公司的资料所总结的内容。

三井化学技术研修中心[①]

2006年10月建立了拥有体验型设备与教材的研修中心，其目的是提高操作人员的技能水平，并且将其保持在一定的水准。

实习的关键是在甲醇蒸馏训练的工厂设施中，让操作人员学习实际的操作，并使其体会到使用DCS模拟器来进行操作的困难。通过这一方法，教导他们危险预知的重要性。此外，研修中心还设有许多体验异常的设备，如被卷走的体验、火伤、药伤体验、蒸汽冲击、产生静电流体的安全流速、防止缺氧训练、从高处坠落的实验等。

研究通过以下3个阶段进行，其目标为：

①通过身体感受教育重新认识到制造现场中OJT的重要性。

②培养自主思考的操作人员。

③了解同伴、同事。

---

① 半田安：《石油化学工业协会保安卫生委员会第27次保安推进会议资料》三井化学技术研修中心，2009年9月28日。

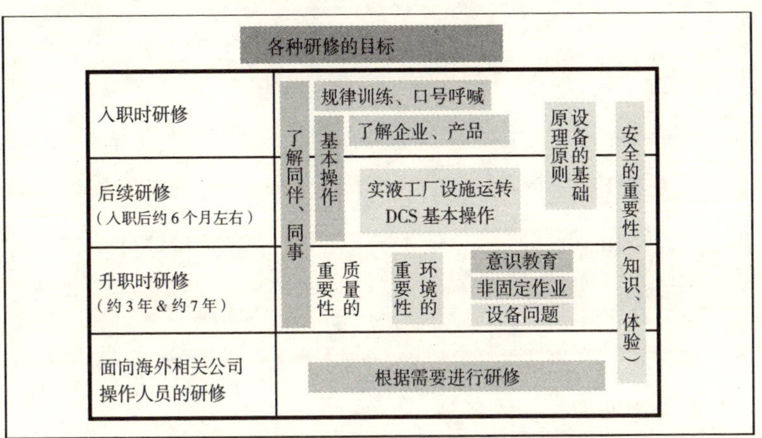

各种研修的目标
入职时研修
后续研修
（入职后约6个月左右）
升职时研修
（约3年&约7年）
面向海外相关公司
操作人员的研修
了解同伴、同事
规律训练、口号呼喊
基本操作
了解企业、产品
实液工厂设施运转
DCS基本操作
设备的基础原理原则
安全的重要性（知识、体验）
质量的重要性
环境的重要性
意识教育
非固定作业
设备问题
根据需要进行研修

丰田“全球化生产推进中心（GPC）”

GPC于2003年7月成立，其目的是为了在世界上任何地方都能制造出高质量的汽车而进行“人才培养”与“更换模型的本地化”。

在人才培养方面，GPC拥有针对海外基地的监督人员、训练人员的研修项目，以及针对由丰田日本公司派赴海外的调任人员、支援人员、监督人员的研修项目。

研修中将丰田各项工序当中最优秀的丰田方式总结为“最佳经验”，以前主要由文章、照片构成的标准手册现在有效利用了拍摄实物的录像以及CG动画，即可以通过“视觉标准手册”，有效地学习到“体验、要领”。

过去在更换模型时，许多日本的员工需要出差支援海外基地，但现在早在准备更换的阶段，GPC就聚集了全部海外单位的成员，共同检查设计图纸的完成度与更改确认作业的方法。该作业有效利用了名为“V-Comm（Virtual Visual-Communication）”的3D虚拟设计图系统，事先筛选出各大海外基地的问题、需求，并将其反映于设计图纸当中。其结果使半田本部的支援工作量减半，并且进一步推动了本地化的发展。

4.5 变更管理

变更管理是确保安全的重要因素。近年来，人们积极地从事于该领域的研究，但是依据现场的实际情况制订计划还有待今后的探索。

(1) 与变更管理相关的事故

由于变更管理中的问题发生的事故的统计性调查较少，不过据滨岛、梅崎①所总结的机械安全领域的调查，由于变更管理中的问题导致的事故所占的比例达到66.7%。

表4-2 源于变更管理中的问题导致的灾害的分析结果*1

变更管理中的问题		件数(件)	比例(%)
总体(129件中的86件)		86*3	66.7
86件的详细内容	机械设备	43	33.3
	人	42	32.6
	信息*2	34	26.4
	作业	29	22.5
	材料	7	5.4
	周边环境	6	4.7

*1 笔者根据滨岛等人的文献中表2的数据为基础制作而成。

*2 件数是指改造、移设设备后，进行新作业或替换、缺少作业人员时发生的变更管理问题所造成的灾害件数，每件包括数条问题事项。

① 滨岛京子、梅崎重大:《着眼于信息通知与变更管理的产业机械劳动灾害分析法提案》,《劳动安全卫生研究》, Vol.2, No.1, pp.33~44 (2009)。

*3 反映了与信息及其他项目（机械设备、作业、人、材料、加工物、周边环境）相关的变更后的信息，以及总计了需要信息共享的灾难件数。此外，安全作业标准手册不完备等也包含于信息因素中。

滨岛等人通过数据对变更管理的内容进行了如表 4–2 的分析，其指出如果实施可靠的变更管理的话，2/3 以上的灾害是可以避免危险的。

（2）由于变更管理不周全而发生的事故事例

表 4–3 介绍了由于变更管理不周全而发生的事故事例。

表 4–3　由于变更管理不周全而发生的事故事例

事例	变更事项	内容
JCO 临界事故①	批量单位增加	<现场建议变更作业方法的背景原因> · 根据顾客的需求，将批量单位从过去的 4L 增加至 40L。 　此时，由于使用过去的设备进行操作，所以需要将过去 10 倍的铀浓缩液统一化处理为同一批量。 · 一开始通过名为交叉混合(cross blending)的手工作业进行统一化处理，但后来为了避免危险，公司标准手册规定使用贮藏塔进行统一化处理。 　为了避免发生临界状态，贮藏塔设计成细长的形状，因此需要花费很长时间进行统一化处理，作业也很难进行。
	作业方法变更	<现场作业人员的改善建议> · 作业人员建议使用没有安装搅拌机的沉淀槽进行统一化处理。沉淀槽与贮藏塔不同，并没有防止发生临界状态的形状设计，处理的重量也有所限制。 · 尽管向取得核燃料操作主任资格的专家咨询了改善建议是否可行，但由于没有通过书面沟通，专家误认为是普通浓度品，所以同意了作业方法的变更。 · 在改善建议的作业中，处理的铀量超过了临界值。

① 中村昌允：《技术者伦理与风险管理》，pp.114–130、oumu 社（2012）。

续表

事例	变更事项	内容
集体食物中毒[①]	质量标准放宽	<事故的起因> · 由于冰柱掉进配电室，引发了突发停电事件。牛奶在工厂设施内以温暖的温度长时间滞留，金黄葡萄球菌增生，产生了“A型肠毒素”。 <质量标准放宽> · 使用该牛奶生产的脱脂奶粉的细菌数量超过了质量标准。 · 该脱脂奶粉原本已不再使用。之后与厂长商量是否可以使用，由于牛奶最后要进行高温加热杀菌所以判断为没问题，最终使用该奶粉生产的产品上市。 · 使用该脱脂奶粉的产品造成了食物中毒事件。
自动旋转门事故[②]	设计标准变更	<设计标准变更> · 欧洲的自动旋转门是自动旋转门的原型，欧洲规定其重量应在1吨以下。 · 根据顾客需求进行设计，结果六本木Hills大门的自动旋转门重量达到2.7吨。 · 判断该重量“没有问题”，进行制作、设置的结果，导致6岁的男孩被夹在自动旋转门中死亡。 <是否做到事先避免？> · 该大楼1年间发生了32场事故。但工作人员并没有将这些事故作为发生重大事故的征兆。

（3）这些事例共通的问题

这些事例有三大共通点：

第一，所有的变更都是当事人认识到规定或标准发生改变的“有意变更”。但因为判断“没问题”而实施变更，导致了事故发生。

第二，公司内部没有检查此类变更的计划。

① 中村昌允：《技术者伦理与风险管理》，pp.93-108、oumu社（2012）。

② 中村昌允：《技术者伦理与风险管理》，pp.169-175、oumu社（2012）。

第三，变更时专家没有用适当的方法提供咨询。

检查“有意变更”

生产现场的变更有从大到小各种各样的变更。如果对所有变更都进行判断审议的话，生产活动就无法顺利地进行，因此需要在现场判断变更的利弊。判断主要是由现场的课长来负责，所以课长背负着很大的责任。

过去由于包括熟练技术人员等在内的很多人都在现场，所以这种环境有利于人们对变更的利弊进行正确的判断。但是最近熟练技术人员减少，许多人不清楚制定标准或规定的前因后果。而且随着自动化的发展，人员也有所减少。

在这一情况下，将变更利弊的判断全部交给现场就有一定的局限性。如果只发生最初的问题的话，很少会造成重大事故。然而很多时候后来加入人为判断，导致重大事故的发生。表 4–3 的事例当中都加入了人为判断。

专家参与

在 JCO 临界事故当中，作业人员向取得核燃料操作主任资格的专家进行了咨询，但接受咨询的专家误认为是普通浓度品，所以同意了作业方法的变更。这里存在的课题是实施变更管理时没有获得上司与原来的核燃料操作主任的同意。以下从 JCO 临界事故报告书中引用该出处。

JCO 临界事故报告书指出[①]

（4）技术管理上的问题与对策

技术管理上的问题有"在制作或修改作业程序手册或作业指南时，没有规定需通过安全管理组长及核燃料操作主任的同意等技术管理上的手续"。

关于使用沉淀槽对再溶解硝酸铀酰溶液进行统一化处理是否合适，公司里并不存在在建议阶段就进行检查的系统。作业指南与临界管理记录都没有使用沉淀槽的记述，作业指南中规定使用贮藏塔进行硝酸铀酰溶液的统一化处理，在没有对该指南进行修改的情况下，而且没有通过安全管理组长及核燃料操作主任的同意就使用沉淀槽是不恰当的行为。在制作或修改作业指南时，没有通过安全管理组长及核燃料操作主任的同意也是不恰当的行为。

在雪印乳业的集体食物中毒事件中，负责人就是否生产细菌数量超过质量标准的产品与厂长进行了商量，由于最终会进行加热杀菌处理，所以负责人判断其没问题，但厂长并不知道 A 型肠毒素具有耐热性。然而，公司里有专家知道 A 型肠毒素的耐热性，因为这是该领域的常识，如果在判断能否使用该脱脂奶粉时让专家加入的话，结果应该就会不同了。

---

① 核动力安全委员会:《uran 加工工场临界事故调查委员会报告的概要》，1999 年 12 月 24 日，http://www.nsr.go.jp/archive/nsc/anzen/sonota/uran/siryo113a.htm

自动旋转门的事例也是一样，设计人员应该把脱离过去的标准视为风险，对其实施风险评价。

像这样，重要的变更需要让了解技术的专家加入判断。公司需要制定由现场判断后实施的事项与需要加入专家判断的事项之间的区分标准与变更管理的系统。

4.6 变更管理的计划

一些变更事项过去依靠现场的判断并不会出现问题，但最近逐渐成为了事故或是故障的原因。变更管理的问题点可以整理为以下几点：

①当事人认识到了“变更”，但因为过度自信，认为“总会有办法解决的”，所以原封不动地实施。

②虽然拥有“变更管理”的计划，但由于判断没有问题，并没有将其视为变更管理的对象。

岛田等人将变更管理的流程表现为图 4–1。

笔者根据这一流程，将自己认为的变更管理重点总结为表4–4。

变更管理系统的实施事例之一如图 4–2 所示，住友化学通过流程安全讨论会议的计划来实施：①新流程的评价；②原有流程的定期评价；③变更管理与三大途径的流程障碍管理。

除了开发、开业以外，在增强工厂设施的能力、节能等合理化改造、安全系统的改良等方面的变更也根据其规模及风险召开流程安全讨论会议，实施包括确认没有脱离流程原理（设计思想）等在内的各项评价。

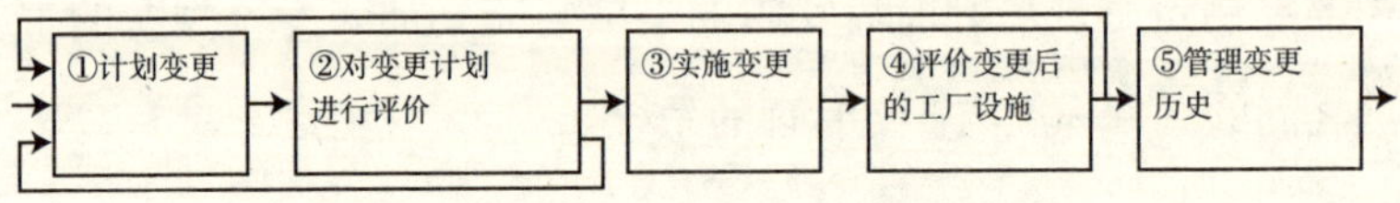

图 4–1　变更管理的流程

出处：岛田行恭、武田和泓、滨口孝司、渕野哲郎：《与有效利用变更管理支援的风险管理信息相关的研究》，安全工学会第 36 次安全工学研讨会（2006）。

表 4–4　变更管理的重点

步骤	内容	重点
1. 计划变更	<变更的重要度判断(选择是普通变更还是重要变更)> · 重要变更：根据变更管理系统实施风险评价(加入专家) · 普通变更：在该部门评价风险	重要度的选择标准
2. 对变更计划进行评价	<评价时的准备事项> · 与设计阶段讨论的设计标准及变更内容进行比较 · 变更出现异常时对情况进行预估，以及确认采取对策的依据 · 过去的运行实际成绩与变更历史(确认设备、条件等) · 其他类似工厂设施中的事故、问题事例的信息等	风险管理信息
3. 实施变更	<实施手续> · 采取变更手续，获得批准后再实施 · 变更时再次确认安全、在发生紧急事件时讨论避免的措施	为公司内部的变更手续与批准制定规定
4. 评价变更后的工厂设施	<实施后的评价> · 应该改善的地方是否得到了改善？ · 实施变更时，是否发生了意料之外的事情？ <经过一定时间后的评价>	PDCA
5. 管理变更履历	· 留下变更记录	记录

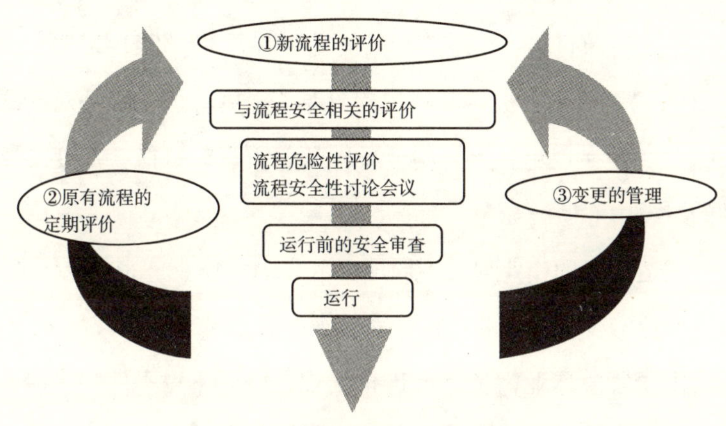

图4-2　流程障碍的管理(三大途径)

出处：平山隆一:《为加强住友化学的安全基础的努力与今后的课题》,《安全工学》, Vol.51，No.6，pp.380-385（2012）。

4.7 变更计划中对重要度的判定

如果可以将所有的变更事项都作为变更管理的对象自然是最理想的状态，但是变更管理的难度正是在于以所有事项为对象的话会导致业务停滞不前。业务一旦停滞的话，变更管理的计划本身最后也会变得形式化了。

因此，我们需要根据变更事项的重要度，判断其是否属于变更管理系统的对象。

（1）变更管理系统的对象

由于与原材料、设备等相关的变更有开发、设计部门参与，所以此类变更不会被排除在风险评估 / 变更管理系统的对象之外。主要是在现场发生的制造条件的变更有时可能会从变更管理的对象中“遗漏”。

制造现场的作业根据不同形态分为固定作业、非固定作业、紧急作业。变更管理的对象为固定作业与非固定作业。

由于紧急作业需要马上进行处理，所以不得不依赖当时监督人员的指挥，而无法成为变更管理的对象。

中村昌弘将作业形式如表 4–5 进行区分，并提出其定义及有效利用危险预知（KY）活动的处理方法。

表 4–5　根据作业不同形式有效利用危险预知活动的处理方法

作业形式	定义	有效利用危险预知的处理方法
固定作业	大致相同的作业方法，日常当中重复进行的作业(作业的重复程度以10天1次以上为标准)	· 进行危险预知与风险评估，决定作业程序指南的关键部分，并且计划落实至实践当中。
非固定作业	重复作业频率低的作业与各项作业的作业方法不同的作业，预计进行的作业(作业程度以10天1次为标准)	· 只要制作好作业程序指南，就能在作业前确认程序指南的内容。 · 如果没有制作好作业程序指南，则在作业前进行危险预知活动。
紧急作业	突发的异常事态，必须马上处理的作业(不需要马上处理的作业可作为非固定作业采取对策)	· 可预测的紧急作业需要制作处理要点指南并进行训练。 · 无法预测的紧急作业则在作业前实施强调安全重点的正确作业指示，并且在作业中进行指挥。

出处：中村昌弘：《培养危险感受性——流水线管理人员的实践技术》，p.86，中央劳动灾害防止协会（2005）。

（2）变更重要度的判定

为了避免伴随变更发生风险，现场需要拥有可以判定变更的重要度的选择标准。重要度的判定需要反映该行业及企业长年来积累的技术知识、类似事故信息数据库，其选择标准需要根据各种行业、单位来决定。

这里介绍的事例是以化学行业所使用的“化学工厂设施的安全评估”为基础的判断方法。该方法的特点是评价物质、成分的容量、温度、压力、操作条件五大因素，通过其总分来评价危险度。危险度排行如表 4–6 所示。

表 4–6　危险度的定量评价表

		A(10分)	B(5分)	C(2分)	D(0分)
1. 物质		《劳动安全卫生法》中规定的 ①易爆性物质 ②易燃性物质的 金属锂 金属钠 金属钾 黄磷 ③可燃性瓦斯中乙炔			
2. 成分的容量	气体	10000m³以上	5000m³以上 不到10000m³	1000m³以上 不到5000m³	不到1000m³
	液体	100m³以上	50m³以上 不到100m³	10m³以上 不到50m³	不到10m³
3. 温度		1000℃以上	500~1000℃	250~500℃	不到250℃

续表

	A(10分)	B(5分)	C(2分)	D(0分)
4.压力	100MPa以上	20~100MPa	1~20MPa	不到1MPa
5.操作	爆炸范围内以及其附近的操作	①温度上升 > 400℃/min ②操作条件自普通条件变化25%的话，与①的条件一致 ③根据操作人员的判断进行批量式操作 ④混入空气的危险反应 ⑤粉尘爆炸	①温度上升4℃/min ~ 400℃/min ②操作条件自普通条件变化25%的话，与①的条件一致 ③批量式编程 ④精炼操作中伴随化学反应	①温度上升 < 4℃/min ②操作条件自普通条件变化25%的话，与①的条件一致 ③反应容器内70%以上的水 ④精炼操作中不伴随化学反应

注：易爆性物质：包括硝酸酯化物、有机过氧化物、金属叠氮化物等。

危险度评价　16分以上 第I位　危险度高

11~15分　第II位　根据与周围情况、其他设备的关联进行评价

1~10分　第III位　危险度低

出处：笔者根据厚生劳动省安全课编：《化学工厂设施的安全评估——指针与解说》，pp.50-61，中央劳动灾害防止协会（2001）为基础制作而成。

定量评价的注意点如下所示：

①物质：整理产品安全数据表（Material Safety Data Sheet：MSDS），以相关法令、该公司的知识技术为基础判断物质是否具有指针所表现的危险性。

②容量：化学反应称为发热反应，不会发生化学反应的设备（精炼设备、贮藏设备）可评价为低一等级。

③温度及压力：在化学流程当中，用于评价无法控制的反

应的危险性开始发热温度等是十分重要的指标，因此进行与处理温度相关的定量化操作。

④操作："在爆炸范围内或是其附近的操作"是指根据流程操作条件的变动，系统内瓦斯有可能进入爆炸范围的操作。温度上升速度是指在反应系统当中丧失了除热功能时的温度上升速度。

连续式反应与批量式反应

化学工厂设施的危险性与操作数量密切相关。化学反应分为连续式反应与批量式反应，其中批量式反应器必须加入大量原料。这是属于混合过程的问题，如果设计得可以充分混合的话，就能用小一点的反应器。

通过将批量式反应器变更为连续式反应器，可以制造出硝化甘油。以下引用《化学流程的本质安全设计》① 当中的相关论述。

"反应原本是将大约1吨的原料装进附有大搅拌器的反应锅炉中，以批量式反应的方式进行。操作人员必须谨慎地观察温度。"

"如果想让这一流程更加安全，我们应该怎么做？""他们设计出了大约只能加入1公斤原料的、可以充分混合的小型反应器。"

"在制造硝化甘油时所进行的这一变更证明了连续式流程比普通的批量式流程更安全的事实。对同样的生产量来说，批量式反应器不仅需要比连续式反应器使用更多的原料，而且还需要进行更多的操作，所以也会增加出错的机会。"

化学工厂设施中的问题是爆炸、火灾、发热速度与除热速

① 长谷川和俊：《化学流程的本质安全设计——为制造出优先考虑使用者的设备》，pp.38–42，化学工业日报社（2003）。

度不平衡导致产生异常的温度、压力上升。该评价方法不仅用于操作的物质，而且还能确认操作的数量等，可以有效地判断变更的重要性。

（3）紧急作业

紧急作业时发生的事故经常起源于熟练人员都没能遵守常识性问题。人在面对需要紧急处理的突发性问题时，精神会集中于快点将其恢复正常，因此容易缺乏对安全方面的考虑。

紧急事态很多时候必须交给监督人员、领导去判断。正因为如此，监督人员、领导需要拥有身为岗位核心人员的自觉，洞察到作业产生的问题与危险，并指挥与贯彻最优先安全的作业方法。

表4–7　事故中紧急时的判断

事故	紧急时的判断
1.JR福知山线的脱轨事故	·司机因为在听乘务员向驾驶指挥室如何报告上一站驶过停止线的情况而分神，在收听乘务员与驾驶指挥室的无线电时，接近半径304米的脱轨处，慌忙刹车，但已来不及
2.东曹化学爆炸火灾事故	·由于前一工序出现了故障，所以蒸馏塔的能力紧急降低(100%→45%)。此时无法正确控制塔内温度，引发了爆炸事故
3.三井化学爆炸火灾事故	·由于蒸汽设备发生故障，紧急停止了氧化反应塔 ·在紧急停止的过程中，因判断冷却速度慢而解除了连锁，引发了爆炸事故

然而，如表4–7所示，从最近发生的事故来看，在发生紧

急事态时人是否能够妥善处理十分值得怀疑。在发生紧急事态时，人还需要安全地停止机械。

（4）变更的实施

制造现场需要不断地重新评价、改善作业。从这一意义来说，我们应该奖励改善建议。但是，从安全管理的观点来看，改善建议等变更需要通过公司内部审查的规定与手续，这是十分重要的。

变更需要通过经流水线管理人员、安全管理人员、操作主任等人的批准等相关“标准或规定的变更”手续后才能实施。

我们需要以专业视角确认变更事项以及通知相关部门，从这一意义来说，该批准手续是十分重要的。

（5）脱离标准是变更管理的对象

现场变更是在容许的范围内安排最合适的操作条件，但常常会出现脱离标准或规定的现象。

这是因为在制定标准或规定时放宽了一定的范围，以便即使作业人员一旦稍有脱离标准或规定的行为也不会马上出现问题。而作业人员一旦发现稍微有些脱离原本应该遵守的范围也不会发生问题的话，就会判断在该范围内的作业是没有问题的，于是其容许的范围就会不断扩大。

这种行为称为“常规化偏差（normalization of deviance）”，如果反复出现脱离标准的行为，很容易进入真正的危险范围内，造成事故的发生。

现场应该将“脱离标准”视为“变更管理的对象”，依据变更管理履行手续。另一方面，企业高层应该从平时起就奖励遵守规定的行为，管理人员也应该对违反规定的行为采取严厉的态度。

常规化偏差在挑战者号爆炸事故、哥伦比亚号爆炸事故当中成为了重大的问题。NASA 明知 O- 环密封不严、航天飞机隔热材料有所剥落，依然没有提高重视，多次将损伤的航天飞机投入飞行。这一偏差行为得到了技术人员的批准，他们通过临时强化与修复可以降低风险，不会影响飞行。哥伦比亚号爆炸事故发生后，该问题被视为 NASA 组织文化的问题，其安全管理体制也受到重新审查。

哥伦比亚号爆炸事故

2003 年 2 月 1 日，航天飞机“哥伦比亚号”在重返大气圈时在空中解体，7 名宇航员全部牺牲。

事故原因是发射时外部燃料罐的隔热材料剥落，碎片直接击中左翼前缘，在重返大气圈之际产生的高温使机体解体。

NASA 的设计条件中规定外部燃料罐的隔热材料等碎片不能剥落。但是，他们认为碎片剥落击中机体是不可避免且是无法解决的问题，所以将碎片的问题视为容许范围内的风险，准许了发射。

在集体食物中毒事件当中，工厂使用细菌数量超过标准的脱脂奶粉是基于如下背景：由于 1 年半前也曾出现过细菌数量超标的情况，但并没有发生问题，所以工厂判断这次也没有问题。如果在这一情况下，将使用细菌数量超出规定的脱脂奶粉视为质量标准的变更，并且开展向设定标准部门进行确认等变更管理手续的话，也不至于发生食物中毒事件。

在安全领域，"这样就差不多没问题了"之类的想法会导致事故的发生。领导、管理人员的判断尤为重要。领导、管理人员需要采取严格的态度，在日常生活当中也不能脱离标准。如果只在公司里说些严厉的话，但一踏出公司大门就出现判若两人的行为的话，下属也会看穿这一点。

岛秀雄的"直角・水平・垂直主义"

"我在战前采访岛秀雄时，多次听到'岛先生的直角水平主义'一词。岛先生从设计 D21 蒸汽机车时开始，就经常将桌子、抽屉等身边的东西整理得井井有条，文具、制图用具、文件等都被摆放成直角、水平的形状。于是，（他的女儿）久美子就说这是'直角・水平・垂直主义'。"

"刀叉等餐具，黄油、面包等食物都必须与桌子保持直角、水平、垂直。"

"岛秀雄说，铁路理所应当保证 100% 的安全。为了达到 100% 安全而常常不惜 120% 的努力是超高速时代的技术人员理应具备的道德伦理。"

东海道新干线之父岛秀雄在日常生活中也贯彻了绝不容许妥协的生活态度。可以说这与今天新干线的高度安全是密不可分的。上文引用高桥团吉的《岛秀雄物语》中所介绍的岛秀雄的“直角·水平·垂直主义”[①]。这对从事安全的人员来说是非常宝贵的心得。

（6）对现有设备的风险评估进行重新评价

风险评估一般适用于新设备，但很少用于现有设备，并对其进行重新评价。然而，人的能力会随着时代的变化而变化。机械、设备也肯定会陈旧化。人的能力变化与机械设备的劣化是变更的对象之一，我们应该对现有设备的风险评估进行重新评价。

住友化学的风险评价方法是以新设备与现有设备为对象，其中现有设备分为“发生过故障或指出有问题的设备”与“没有特别发生过问题的设备”。前者通过图 4-3 的风险评估评价程序对其进行评价。风险评估评价方法的特点是在筛选出作业之后，进行以下的“安全区分设定”[②]。

---

① 高桥团吉 :《创建新干线的男人 岛秀雄物语》，pp.253-256，小学馆（2000）。

② 中央劳动灾害防止协会编:《岗位中“风险评估的实际”》,pp.96-105，中央劳动灾害防止协会（2006 年）。

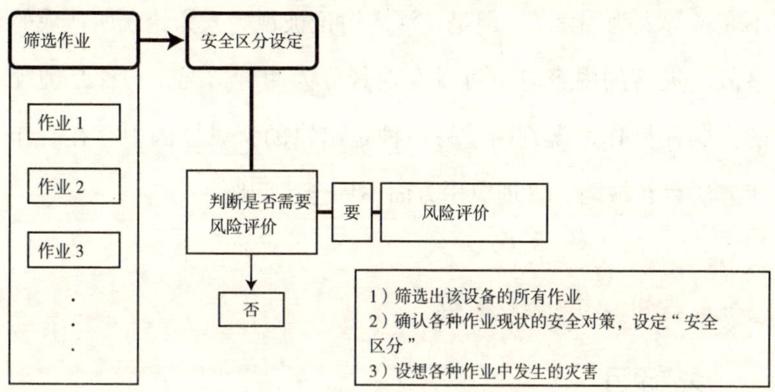

图 4–3　风险评价的概要

出处：笔者根据中央劳动灾害防止协会编：《岗位中“风险评估的实际”》，pp.96–105，中央劳动灾害防止协会（2006 年）为基础制作而成。

安全区分设定

在安全区分当中，“①本质安全，②完全分离，③完全停止”属于安全范围，“④暂时停止，⑤接近弱危险点，⑥接近强危险点”属于危险范围。在分类的安全区分中，属于安全范围的事项原则上不需要进行风险评价，只对属于危险范围内的事项进行风险评价即可。我们可以有效地利用这一观点。

※ 关于安全区分，参照第 3 章。

4.8 人为错误对策

经济产业省分析了 2002 年以后发生的 100 件产业事故的内容，根据其报告，其中有 76 件源于误操作、误判断、标准手册不完全等人为因素[①]。但是，深入讨论被视为人为错误所造成的事故、灾害的内容时，可以发现其分为两种情况，一种是纯粹的人为误操作、误判断，另一种是出错的背景原因中存在着作业方法存在缺陷、管理应用方面不周全等问题。

（1）JR 福知山线的脱轨事故

事故原因

2005 年 4 月 25 日，JR 福知山线发生了脱轨事故。由于该列车在伊丹站驶过停止线，所以出发时间延误了约 1 分 20 秒。司机想要赶回延误的时间，同时过于注意乘务员向驾驶指挥室报告驶过停止线的驾驶问题。因此，司机刹车慢了，以约 116km/h 的速度驶入限制速度为 70km/h 的事故现场，导致列车脱轨，造成 107 人死亡（106 名乘客与司机），555 人负伤的重大事故。

基于 4M 分析，可将该事故的原因与问题点整理为表 4-8。

该事故的直接原因是司机刹车慢了。但是，我们不能将其视为司机的人为错误进行处理，只有从 4M 的观点出发，深入分析出现人为错误的背景原因并采取对策，才能防止类似事故的发生。

① 经济产业省:《产业事故调查结果的中间汇报》,2003 年 12 月 16 日,www.meti.go.jp/report/downloadfiles/g40129b20j.pdf

表4-8　JR福知山线脱轨事故的原因

4M	内容
Man	①司机为了赶回延误的时间而精神紧张 ②司机过于注意乘务员与驾驶指挥室之间的通讯 ③司机刹车慢了
Machine	①该处没有设置自动停车系统(ATS-P) ②新型车厢的结构比旧型车厢更加容易翻倒
Media	①列车的运行间隔设定得没有宽裕的时间 ②在驾驶列车时向驾驶指挥室报告驾驶中出现的问题
Management	①驾驶出现问题的司机要接受日勤教育的惩罚 ②曲线部没有重视ATS-P的设置标准 ③ATS-P的设置由当初的2004年年末延期至2005年6月末 ④不是最优先安全的经营

与公共交通相关的人为错误事故的防止对策讨论委员会指出的问题

2005年4月JR福知山线脱轨事故发生后，国土交通省为了防止类似事故再次发生，设置了“与公共交通相关的人为错误事故的防止对策讨论委员会”，2006年4月发表了“最终汇报”。“最终汇报”中指出的问题不仅适用于公共交通，对全面防止与人为错误相关的事故再次发生也起到了极大的参考作用。

首先，关于人为错误与不安全行为记述如下[①]：

① 国土交通省：《与公共交通相关的人为错误事故的防止对策讨论委员会最终汇报》，2006年4月，http://www.mlit.go.jp/kisha/kisha06/01/010426/01.pdf

人为错误与不安全行为

·"人为错误"是指在人与机械共同完成目标的系统（人机系统）中，由于人没有完成分配给自己的工作，或是没有达到操作人员应有的技术水平，导致整体系统出现故障或是系统失灵。

· 过去发生与人为错误相关的事故或是问题时，人们倾向于只讨论犯错者的疏忽大意（错误），但是疏忽大意并不是灾害的原因，而是其结果。重要的是调查犯错者为何会疏忽大意的背后关系（《克服事故出于疏忽论》）。

·此时，需要从"Man（人）""Machine（机械）""Media（环境）""Management（管理）"的 4M，或是加上 Mission（使命：一般认为人由于被赋予"使命"而拼命努力的使命感有时会造成风险，引发事故）的 5M 综合原因出发，对事故进行分析。

· 如果不能像这样采取从整体系统进行思考的方法，就会将"人为错误"与纯粹的"失败"视为同物，仅仅只强调如何改善犯错者的问题，这样有可能无法完成有效防止错误的系统改善。

这可谓是对人为错误的中肯评价。关于容许不安全行为的岗位环境，如下页所记述。

每当发生事故时，都会重复强调"安全第一"，但是想要构建不容许任何不安全行为的环境氛围，经营高层肩负着巨大的责任（参照第 6 章）。

此外，为了防止事故，如何看待机械与人所分担的任务也是一大重要课题。

容许不安全行为的岗位环境、企业氛围

1. 对公共交通机构来说确保安全是最优先的事项，这一认识是否不够充分，或是仅仅停留于形式化的口号？

2. 经营高层有没有充分地参与确保安全的活动？

具体来说，经营高层不能将安全活动全部交给干部与负责人来承担，其自身是否关心现场的状态与实际情况，同时随时准确地掌握现状中的课题及其改善措施的进展情况等？

3. “最优先确保安全”的观念是否通过公司内部教育、研修等有效渗透至现场员工的层面？此外，是否采取了有效的教育、研修方法？

4. 组织氛围是否是“属人思考”，在处理事项、做出决定时重视“人”的信息、而轻视“事物”信息？

5. 体制上是否只在事故刚发生后才进行跨职务、跨岗位地认真讨论问题等集中的教育研修？

6. 设备因素也是引起不安全行为的原因。有没有因为设备的原理、动作、配置方法、配置条件等问题导致现场出现对当事人来说不可理解的征兆等因素引发不安全行为？

下文“人与高科技系统的失调”是以交通机构为对象，但最近化学工厂设施中发生的事故也是因为作业人员无法正确处理紧急事态而引起的。

在发生紧急事态时，重要的是作业人员采取正确的对策。然而，由于紧急事态很少会发生，所以通过教育、训练来应对有一定的局限性。在其他产业当中也需要讨论采取安全停止机械的措施。

人与高科技系统的失调

·人不可能完全不犯错，就算想用机械取代人，构建高信赖化的整体系统，但在设计阶段无法预料的情况还是不得不依赖人来处理（自动化的讽刺）。正因为如此，世界上许多系统都以人机系统的形式存在。

·交通机构为了减轻人的负担，防止事故发生，也引进了高科技系统，但是“将可以机械化的地方机械化”等名义上的“高科技化”事例中，人与高科技系统之间常常出现失调的情况。

·人们常说，在人机系统当中“最终决定权交给人是十分重要的”。但是考虑到交通机构的高密度化、复杂化等情况，操作人员有时会肩负过多的任务，“在任何情况下都将最终决定权交给人”不一定是最恰当的方法。有时需要讨论根据情况调整人与机械所分担的职责，比如说根据交通模式及事态的紧急程度，允许机械不等待人的指令即可采取确保安全的措施，等等。

（2）防错系统化

确保安全的要点在于指出人为错误之前采用正确的工作方法与设备。在采取人为错误的对策时，需要尽可能地从设备与系统方面保证安全，如果仍然有风险残留的话再由人来处理。

在丰田汽车负责安全管理的铃木忠男在著作《丰田生产方式与安全管理》当中提出“排除浪费与安全相关”的建议。以下引用该部分[①]。

“我问大家‘怎样才能防止受伤’，让他们依次回答。最后

① 铃木忠男:《丰田生产方式与安全管理——首次揭露安全管理活动的精髓》,pp.32–33，劳动调查会（2007）。

一个人可能是不知道怎么回答了吧，就回答说‘不工作的话就不会受伤了’，大家笑成了一团。”

“他的这句话里也隐含了很大的启发性，那就是排除浪费与‘安全’相关。他回答说‘不工作的话就不会受伤了’，其实隐含着‘工作方法危险就容易受伤’的意思。”

防错系统化是什么

无论人对标准或规定有多么熟悉、熟练，想要按照标准或规定进行作业，都必然会出现注意力降低的情况，人会在无意中犯下“无心之错”。而无论怎样进行教育、训练，防止“无心之错”的发生，都有一定的限度。

因此，为了防止人为错误，采取的对策即是防错系统化。

防错系统化是指“不让人去适应作业方法，而将作业方法改善以适应人”。

防错系统化的原理

中条武志将防错系统化分为两大类型：

第一是为了不会发生错误：①不需要作业或注意（排除）；②使人可以不进行作业（代替化）；③使作业变得容易（容易化）。

第二是就算人犯错，也让错误不至于造成过大的影响；④使人察觉到错误（检测异常）；⑤使错误不会造成致命的影响

(缓和影响)。

防错系统化的原理如图 4-4 所示。

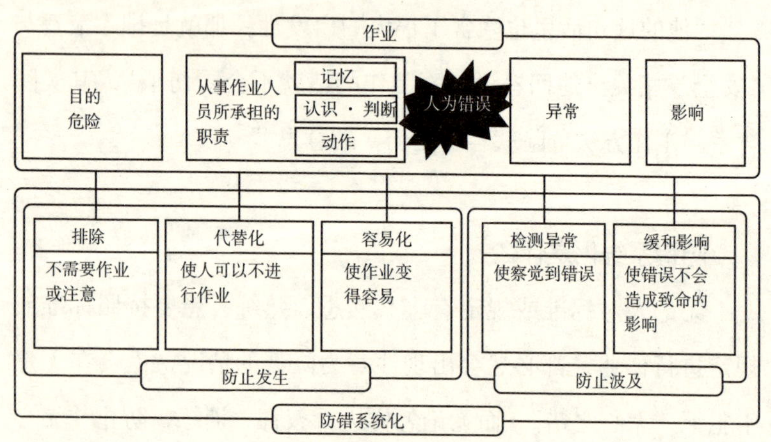

图4-4　防错系统化的五项原理

出处:中条武志:《将起源于人为因素的问题 · 事故防范于未然与 RCA》, p.46, 日本规格协会(2010)。

表 4-9 总结了建立在五大原理基础上的防错系统化的优缺点。

防错系统化的思路当中最重要的是“改善作业方法,使人为错误不容易发生,以及即使发生了人为错误,也能将其影响控制在不是特别严重的范围内”。

人在注意力下降时容易发生人为错误。然而,注意力下降是不可避免的问题。光是批判发生错误的行为本身并不能防止事故再次发生。

表4-9 建立在五大原理基础上的防错系统化的优点、缺点

原理	优点	缺点	应用时的注意点
排除	效果最好	因为必须从根本上改变流程或是机器设计，所以对生产率等产生很大的副作用	在考虑对该错误产生的效果的同时，还需要充分考虑对生产率等产生的副作用
代替化	效果好	想将人进行的所有作业都替换掉是一项大规模并且是不现实的对策	重要的是集中于作业中容易出错的职责，限定范围思考对策
容易化	实施成本及对作业的副作用最小	采取的各项对策并不能取得明显的效果	可以综合采取多种对策，以及通过采取多种对策获得良好的效果
检测异常	效果好	人常常会相信自己的判断是正确的，从而无视异常继续作业	重要的是与“代替化”及“容易化”的对策同时进行
缓和影响	防止人的死伤或是设备破损等致命性影响的最后屏障	在五大原理当中最为事后的对策	不适合单独采用，重要的是与“代替化”及“容易化”、“检测异常”的对策同时讨论

出处：中条武志:《将起源于人为因素的问题 · 事故防范于未然与RCA》，p.58，日本规格协会（2010）。

人为因素

日本将事故的原因视为人为错误的问题，而欧美则将其视为人为因素的问题。

人为因素是指为了安全、经济地操作、运行人与组织、机械、设备等构成的系统所必须考虑的人为方面的原因。

无论接受怎样的教育、训练，都无法完全消除人为错误。也就是说，我们必须考虑到“人会犯错”的事实，分析人的特点，并构建以人为中心的系统，使人为错误不会直接导致事故。

第5章

信息的传达

1. 由于信息传达不明确而发生事故的情况	· 起因于信息传达不明确的事故的情况与课题
2. 与信息传达相关的事故事例	· 源于作业间联络与协调不当的事故事例 · 向上层报告为重要事项的事例 · 与报告、联络方法相关的事例 · 信息传达的课题
3. 制造业招标方指针的信息传达体制	· 制造业招标方指针的目的 · 招标企业的责任 · 综合安全卫生管理体制
4. 信息传达方法(信息传达的典型事例)	· 信息的传达方法与灾害发生率 · 确保贯彻、定期审核作业标准手册与灾害发生率 · 信息传达的典型事例

5.1 本章的重点

有调查显示，由于信息传达不明确所造成的事故达到约70%。可见相关人员共享信息是确保安全所必需的。

尽管每个人都通过细心注意、慎重行动来努力防止事故发生，但工作是以组织或团队的形式进行的。重要的是相关人员之间共享信息，保持良好的沟通。

为了顺利地传达信息，重点是调整传达体制与传达信息的方法。

制造业招标方指针被规定为招标企业与相关承包商之间的“作业间联络与协调”（联络与协调方法、共享信息）的相关指针，其追求的是综合的安全管理体制。在组织内部的联络当中，也因为现场出现的问题没能报告给决策者而无法做出决定，于是引发了事故。

在传达方法方面，有调查结果显示，通过口头通知的灾害发生率是通过文件通知的大约2倍，因此切实地传达信息是十分重要的。

本章介绍从最近的事故所看到的信息传达的课题、建立在制造业招标方指针基础上的信息传达体制，以及与信息传达相关的典型事例。

5.2 由于信息传达不明确而发生事故的情况

表 5–1 是笔者以滨岛等人对由于信息传达、共享的问题而发生灾害的分析结果为基础总结的成果。在调查的 129 件事故中，与信息传达、共享相关的事故达到 90 件，大约占据了七成。

表 5–1 由于信息传达、共享的问题而发生灾害的分析结果

信息原因(信息错误、缺少、传达不明确等)		件数(件)	比例(%)
1. 安全管理体制不周全(未选出指挥人员等)		18	14.0
2. 实施作业前共享信息不周全	作业程序与机械设备的结构等	51	39.5
	作业的预定与内容(影响他人的作业危险性等)	4	3.1
3. 实施作业中的联络与协调不当	由于通知方法不当导致发现受灾者的时间延迟	39	30.2
	信号(开始运行或进入危险区域等)	25	19.4
	实施作业变更、突发的修理作业、故障、问题的发生报告等	13	10.1
	由于谈话或信号而进入危险区域	3	2.3
合计		90*	69.8

* 一个事故有多个原因。

出处：笔者根据滨岛京子、梅崎重夫：《着眼于信息传达与变更管理的产业机械劳动灾害分析法提案》，《劳动安全卫生研究》，Vol.2，No.1，p.39（2009）为基础制作而成。

根据该调查，在作业中以及实施作业前传达与共享信息是重要的工作。尤其是在实施作业前，共享与作业程序及操作设备状况的相关信息尤为重要。

“大规模制造单位的安全管理体制与活动自主检查结果”当

中就与合作公司（相关承包商）的合作情况指出："在灾害发生率高的车间，与合作公司在安全管理方面的合作不足，信息交换也不够充分。"

图 5-1 反映了在安全成果优异的车间（前 20%）与成果差劲（倒数 20%）的车间当中，招标企业对合作公司车间的巡视、发生异常时确保联络体制、设置·运营协商组织所表现出的差距。

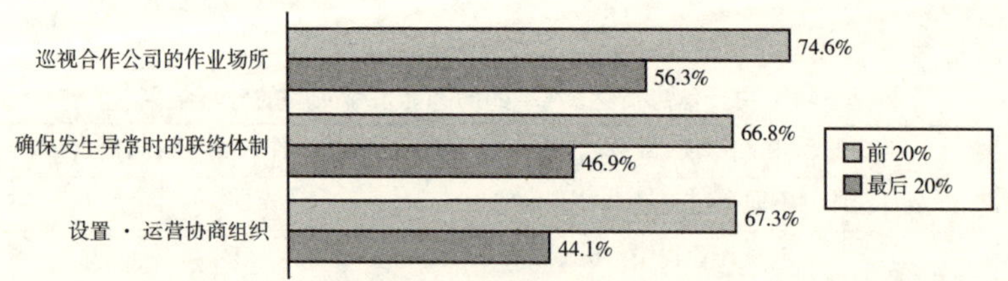

图 5-1　在作业场所中与合作公司联合进行安全管理的情况(复数回答)

出处：厚生劳动省劳动基准局：《关于大规模制造单位中与安全管理相关的自主检查结果》，2004 年 2 月，http://www.mhlw.go.jp/topics/2004/02/tp0217-1.html

如图 5-2 所示，在发包工程时向相关公司通知与危险性相关信息的方法方面，安全性在前 20% 的单位 90% 以上通过文件通知，80% 还在现场进行了确认。与其相比，安全性在最后 20% 的单位只有约 70% 通过文件通知，而实施现场确认的比例只有 50% 出头。

如图 5-3 所示，在作业间的联络与协调方面，调整包括安全负责人在内的计划阶段、定期把握以及重新调整进度情况是十分重要的。

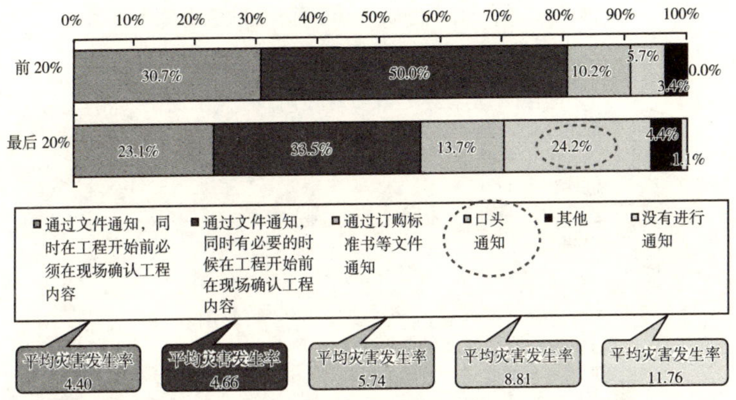

图5–2　发包工程时向相关公司通知与危险性相关的信息的方法

出处：厚生劳动省劳动基准局：《关于大规模制造单位中与安全管理相关的自主检查结果》，2004 年 2 月，http://www.mhlw.go.jp/topics/2004/02/tp0217–1.html

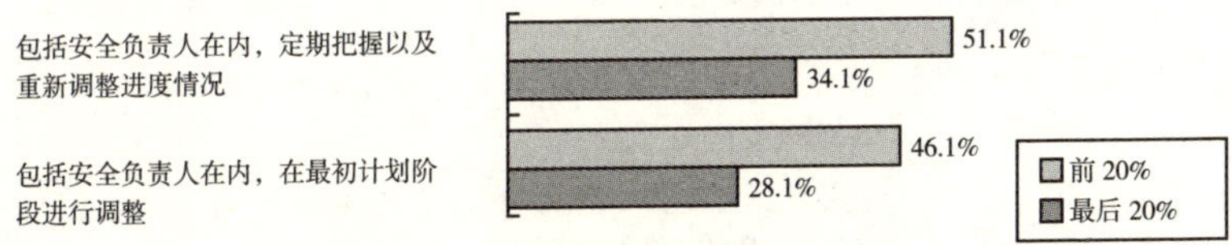

图5–3　作业间联络与协调的实施情况

出处：厚生劳动省劳动基准局：《关于大规模制造单位中与安全管理相关的自主检查结果》，2004 年 2 月，http://www.mhlw.go.jp/topics/2004/02/tp0217–1.html

5.3　与信息传达相关的事故事例

（1）源于作业间联络与协调不当的事故事例

由于作业间联络与协调不当而发生的事故事例如表 5–2 所示。

表5-2　源于作业间联络与协调不当的事故事例

	灾害发生的情况与原因
事例1	·承包企业的劳动者对发包商的温度调节计、温度记录计进行检查、调整作业 在该作业中接触到温度控制盘的充电部分，导致作业者触电死亡 ·进行通电管理的发包商与承包企业之间没有进行联络与协调 此外，当初设计的防止接触用的隔板一直有所破损
事例2	·对可将货物自动运输至2楼的装有传送带的升降设备(电梯)进行改造工程 受害人在里面想进行拧紧螺丝的作业时，突然电梯上升，上半身被夹在电梯的地板部分与外框部分之间最终导致死亡 ·前一天的作业结束后，电梯仍然在自动运行。设备内部设置的传感器感知到受害人，机器判断装入了货物，于是自动启动
事例3	·在金属制造业招标企业的冶镀工厂中，相关承包商的劳动者在拆卸起重机的钢丝绳时，其他相关承包商的劳动者因想要搬运货物而靠近起重机，结果右脚被卷入切断 ·由于两项作业都发生在同一场所，但并没有进行作业间的联络与协调，导致了事故的发生
事例4	·由于化学公司的空气驱动阀(AOV)打开了，导致可燃性流体流出，引发了火灾事故。原因之一是AOV没有上锁 ·安全负责人聚集召开工程预备会时，决定了为AOV上锁。但如图5-4所示，由于没有通知到操作负责人，所以没有实施AOV上锁
事例5	·在拆卸化学工厂设施的工程中，通过气焊开始切断设施中的管道时，管道里残留的甲苯蒸汽(可燃性气体)由于气焊的火花着火，承包公司的3名作业人员被烧伤 ·招标企业并没有通知相关承包商管道内有可能残留甲苯导致着火，也没有进行作业方法的调整 ·招标企业有必要在开工前采取措施清除管道内残留的可燃物

日本《劳动安全卫生法》第30条之2的第1项中记载，“作业间的联络与协调”是指为了防止混合作业造成劳动灾害，需要实施以下一系列事项等：

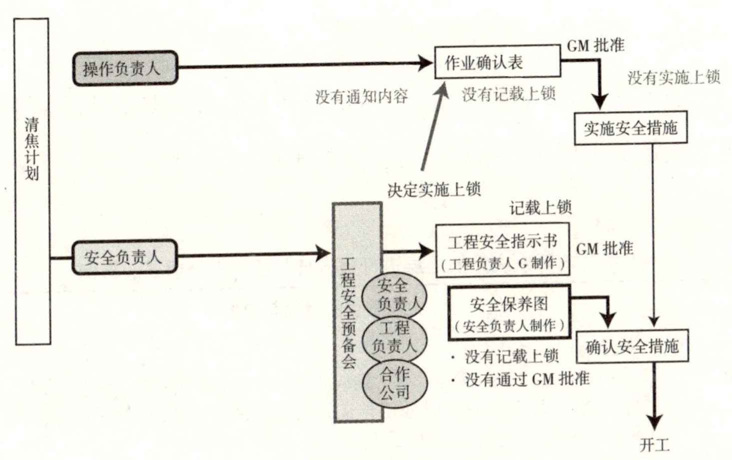

图5–4 三菱化学火灾事故

出处：三菱化学（株式会社）鹿岛事业所火灾事故调查等委员会:《三菱化学鹿岛事业所火灾事故调查等委员会报告书》，2008年3月，http://www.meti.go.jp/committee/materials/downloadfiles/g80410b05j.pdf

①掌握各相关承包商的作业程序。

②为防止混合作业造成劳动灾害，调整作业程序。

③调整作业程序后，向各阶段的相关承包商给予指示。

（1）作业开始时或结束时的联络。

（2）作业范围、路径的限制。

（3）进行作业时间带的限制。

（4）必要的灾害防止措施的相关指导：通风、换气、电力机械用具、防止化学物质泄漏、危险性有害性的信息。

（5）防止混合作业造成劳动灾害。

（2）向上层报告为重要事项的事例

表 5-3 表示的是同一组织内信息传达存在问题，尤其是向可以决策的上层进行报告十分重要的事例。

表 5-3 向可以决策的上层进行报告被判断为十分重要的事例

	灾害发生的情况与原因
事例1	(挑战者号爆炸事故) ·1986年1月28日，航空飞机“挑战者号”发生了爆炸事故。事故原因是橡胶制O-环由于发射时处于异常的低温而密封不严，燃气引燃了液体燃料，导致7名宇航员死亡 ·发射前一天，NASA负责人与负责装配的Morton Thiokol公司之间讨论了“在异常低温时是否可以发射”的问题，但该信息并没有通知NASA的高层 ·由于NASA高层没有收到报告，所以无法决定延期发射。总统事故调查委员会建议NASA进行包括调整报告体制在内的组织改革
事例2	(花旗集团大厦加固强度工程) ·花旗集团大厦计划建设用地的一部分归教会所有。建设设计事务所所长LeMessurier建议修建高达9层的粗柱，在其上方空间修建59层的大厦。该设计被誉为划时期的建筑，但是后来LeMessurier注意到大厦的强度不足，因此向花旗集团的业主解释了事因，成功地完成了加固强度的工程(将悲惨的事故防患于未然) ·LeMessurier坦诚地向大厦业主解释了事因，得到加固强度的工程许可
事例3	(美滨核电站管道破裂事故) ·该事故发生于2004年8月，然而在2003年11月，承包维修的公司已经向关西电力报告了已有28年没对管道破裂处进行检查了。但是负责人判断其可继续运行至下次定期检查，结果在即将进行定期检查前管道破裂，5名作业人员被140℃的热水浇淋后死亡。管道的厚度当初有10mm，破裂时减少到只有约1mm ·继续运行的判断是由现场决定的，并没有通知高层(据说核电站停止1天的运行会产生大约1亿日元的损失。尽管现场知道该处未经检查，但仍然没能做出停止运行的判断)

（3）与报告、联络方法相关的事例

此处介绍的事例是大学医院弄错患者的事故。该事故属于医疗事故，但制造现场也会发生同样的差错。在此我们不将其视为其他行业的事例，而是当成反映报告联络方法重要性的极佳例证来看，希望可以对制造现场的信息传达带来帮助。

横滨市立大学医学院附属医院弄错手术患者的事故①

1999 年 1 月 11 日（周一），在横滨市立大学医学院附属医院的手术室内为外科住院楼（第 1 外科）的患者 A 与患者 B 进行手术之际发生了一起事故，医院将患者 A 错认为患者 B、患者 B 错认为患者 A，于是所做的手术与本应进行的手术（患者 A 为心脏手术、患者 B 为肺手术）不同。

住院楼的护士同时运送了患者 A 与患者 B。接收患者的手术室护士错认为术前访问见过的患者 A 为患者 B，问患者 A：“B 你睡得好吗？”患者 A 回答说：“很好。”因为这段对话，其他护士误认为患者 A 是患者 B，于是将患者 A 运送去患者 B 的手术室。同时将患者 B 运送去患者 A 的手术室。两名患者进入手术室后，多名医生都有机会察觉到弄错了人，但是没有医生采取实际行动，于是对错误的患者进行了手术。

如表 5-4 所示，该事故当中出现了“初期错误（弄错患者）”

---

① 《横滨市立大学医学院附属医院医疗事故相关的事故调查委员会报告书》，1999 年 3 月，http://cute.to/~dent_rie/zikotyousa.htm

与“错误的继续（医生们觉得奇怪，但仍然继续进行手术）”。

表5-4　从弄错患者的事故当中发现的错误与对策

错误的内容		对策
初期错误	①1名住院楼护士将2名患者同时运送至手术室 ②通过称呼“A”“B”的名字来确认患者 ③患者病历和患者分开(患者病历没有同时和患者一起送过来)	·遵守规定：每次运送1人 ·不在同一时刻开始进行手术 ·不通过叫患者的名字或是凭对长相的记忆来确认患者 ex.使用贴有患者脸部照片的识别腕带
错误的继续	①麻醉医生察觉到术前见到的患者与麻醉时见到的患者不一样，但仍然继续进行手术。当时其向住院楼打电话确认：“A送下来了吗？”听到“送下来了”的回答后，就认为该患者是正确的患者，继续进行手术 ②不认识患者长相的医生与护士参与了医疗行为	·觉得不对劲的时候进行确认的方法 ·负责医生的术前访问 ·即使是医疗团队进行手术，也要明确主要负责人

该事故中的错误有两大重点：

第一，通过口头通知来传达信息。如果不通过口头通知，而是通过患者病历、可识别患者的脸部照片、患者的标签号码等进行确认的话，就不会发生此类错误了。

第二，“人一旦认定某件事情，就很难改变自己的想法”。由于其认为“弄错患者”是不可能的事情，所以尽管心里觉得“不对劲”，但是收到“患者已经从病房出来了”的通知后就没有再多想了。

在JCO临界事故当中也是一样，变更作业方法所咨询的技术人员自认为铀浓缩液的浓度是低浓度的普通用品，没有确认实际的浓度，于是导致事故发生。

如图 5-3 所示，希望大家再次认识到，通过文件等通知信息以及在现场进行确认是十分重要的课题。

（4）信息传达的课题

这些事例当中反映的信息传达的重点如表 5-5 所示。

表 5-5　信息传达的重点

信息传达的重点
1. 招标企业等拥有大量信息者需要向相关人员提供信息（熟悉工厂设施与设备内容的人员向设备使用者提供信息）
2. 通过文件通知信息（尽量简洁，内容尽可能概括在 1 张纸当中）
3. 在现场确认通知的信息
4. 明确提供信息方与接受信息方的负责人
5. 自己无法判断时，将信息提供给能够判断的人员

5.4　制造业招标方指针的信息传达体制

（1）制造业招标方指针的目的

根据《关于大规模制造业车间中与安全管理相关的自主检查结果》，可以得知招标企业与相关承包商之间的传达体制问题是造成事故发生的原因。因此，日本从 2006 年 8 月 1 日开始实施“制造业中招标企业的综合安全卫生管理指针（制造业招标方指针）”。

制定制造业招标方指针的主旨是“只有招标企业的参与才能防止相关承包商的劳动灾害”。“同一场所”等概念是依据防止相关承包商的劳动灾害这一制定指针的主旨而决定的。

制造业招标方指针

近年来，随着制造业的业务承包持续增加，以此为背景的劳动灾害频频发生。此外，相关承包商的劳动灾害发生率一般也要比招标企业高。

相关承包商很多时候承担了修理设备、搬运产品等高危险性、高有害性的作业，而且其作业场所是在招标企业的车间内，所以仅凭相关承包商的自主性努力难以全面地防止灾害发生——中略——最近，为了防止招标企业的劳动者以及相关承包商的劳动者在同一场所作业而发生劳动灾害，根据《劳动安全卫生法》等一部分修改后的法律（2005 年法律第 108 号），规定制造业（除造船业以外）的招标企业有义务实施作业间的联络与协调等。

根据以上规定，在除造船业以外的制造业当中，为了防止招标企业及相关承包商的劳动灾害，招标企业需要确立包括相关承包商在内的车间整体的安全卫生管理（以下简称为“综合安全卫生管理”），因此制定了附件 1“制造业中（除造船业以外）招标企业的综合安全卫生管理指针”。

（2）招标企业的责任

制造业招标方指针中规定招标企业有以下 5 项责任：

因为招标企业比相关承包商拥有更多的信息，而且其立场更加容易进行管理，因此明确规定了招标企业的责任。

①招标企业确保在同一场所作业的相关承包商的安全。

②招标企业确立包括相关承包商在内的车间整体的安全卫生管理（综合安全卫生管理）。

③招标企业有义务向相关承包商共享信息，实施作业间的联络与协调。

· 明确作业间联络与协调的负责人，实施联络与协调。

·设置作业间联络与协调的场所，安排进行信息传达与沟通。

· 掌握、调整、指示各企业之间的“程序计划”。

④招标企业设置并且运营与相关承包商进行商议的场所。

⑤招标企业有义务向相关承包商提供劳动安全卫生的相关指示，不得虚假承包。

（3）综合安全卫生管理体制

作业间的联络与协调

包括相关承包商在内的综合安全卫生管理体制的重点有以下几点：①招标企业与相关承包商各自明确作业间联络与协调的负责人；②招标企业调整作业程序；③设置与相关承包商进行商议的场所；④招标企业有责任进行安全方面的指示、指导。

图 5-5 表示了招标企业与相关承包商在作业间联络与协调

当中的关系。制造业在“同一场所”、通常有50人以上的劳动者作业时，招标企业与相关承包商采取以下体制进行联络与协调为佳：

①招标企业选任“综合管理作业间的联络与协调的人员”，负责综合管理与相关承包商的联络与协调。

②相关承包商选任“与招标企业进行联络与协调的负责人”，与招标企业“综合管理作业间的联络与协调的人员”进行联络，以及实施防止劳动灾害所需要的其他事项。

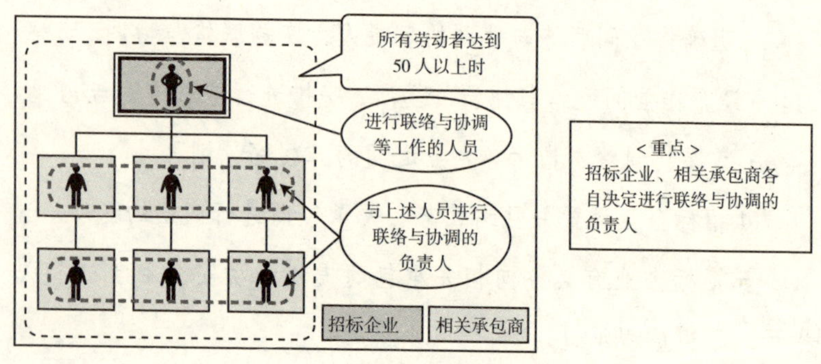

图5–5　作业间的联络与协调

出处：厚生劳动省都道府县劳动局劳动基准监督署：《制造业中招标企业的综合安全卫生管理指针》的重点，http://www.mhlw.go.jp/new-info/kobetu/roudou/gyousei/anzen/120424.html

※ 右图（重点）部分是笔者追加的补充信息。

作业间的程序调整

“制造业招标方指针的重点”当中将作业间的联络与协调表示为图5–6。

招标企业的任务有以下三点：

①掌握各企业（相关承包商）作业的“程序”。

②为了防止混合作业造成劳动灾害而调整“程序”。

③将调整后的“程序”指示各企业。

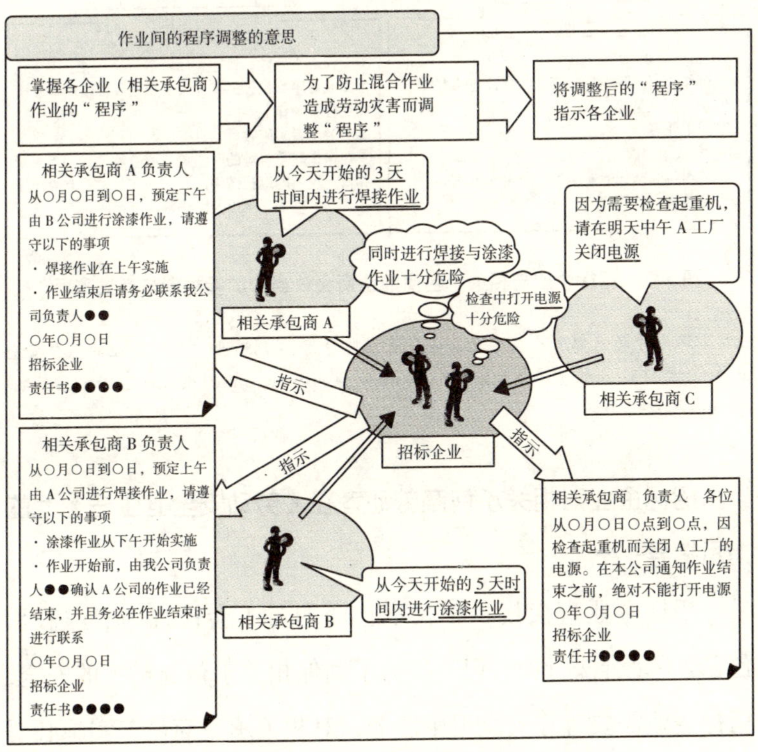

图5-6　作业间的联络与协调

出处：厚生劳动省都道府县劳动局劳动基准监督署：《制造业中招标企业的综合安全卫生管理指针》的重点，http://www.mhlw.go.jp/new-info/kobetu/roudou/gyousei/anzen/120424.html

设置并且运营与相关承包商进行商议的场所

招标企业需要设置与相关承包商进行商议的场所（商议会），并且定期召开会议。如图 5-7 所示，不同立场的参加者可以在该会上商议各种各样不同的事项。

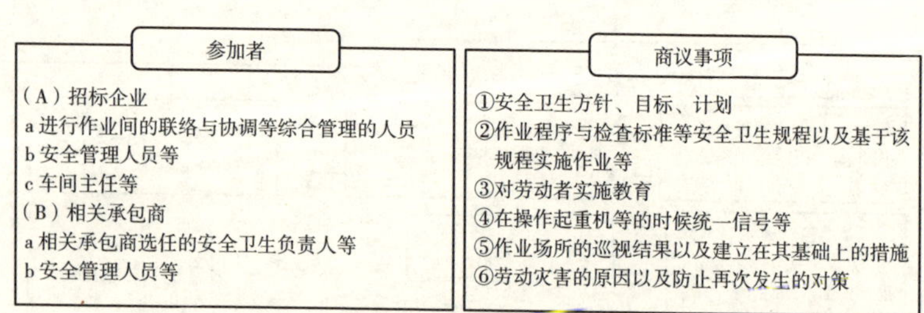

参加者
（A）招标企业
a 进行作业间的联络与协调等综合管理的人员
b 安全管理人员等
c 车间主任等
（B）相关承包商
a 相关承包商选任的安全卫生负责人等
b 安全管理人员等
商议事项
①安全卫生方针、目标、计划
②作业程序与检查标准等安全卫生规程以及基于该规程实施作业等
③对劳动者实施教育
④在操作起重机等的时候统一信号等
⑤作业场所的巡视结果以及建立在其基础上的措施
⑥劳动灾害的原因以及防止再次发生的对策

图 5-7　招标企业与相关承包商的协商会议当中的参加者与商议事项

出处：厚生劳动省都道府县劳动局劳动基准监督署：《制造业中招标企业的综合安全卫生管理指针》的重点，http://www.mhlw.go.jp/new-info/kobetu/roudou/gyousei/anzen/120424.html

招标企业对相关承包商劳动者在《劳动安全卫生法》上的指示指导

招标企业直接指示相关承包商的员工会被视为"虚假承包"，不是合法行为。但是，为了确保相关承包商员工的安全，招标企业需要遵守安全卫生法令，对相关承包商员工实施必要的指示指导。日本《劳动安全卫生法》第 29 条将其规定为招标企业的义务。也就是说，遵守安全卫生法令（包括在其基础上的联络协调事项）所必需的指导指示并不等于承包业务的指挥命令，与派遣法不相抵触。第 29 条的要点如下：

> **劳动安全卫生法第 29 条**
>
> ·招标企业需要给予相关承包商及其劳动者必要的指导，使其不违反法令。
>
> ·发现相关承包商或是其劳动者违反法令时，给予必要的指示。

“同一场所”的概念

承包合同关系中的数个企业混合进行相关工作的作业场所称为“同一场所”，该场所由招标企业进行综合管理。

制造业招标方指针的宗旨是防止混合作业造成劳动灾害，区域的划分正是由该宗旨的目的来判断的，因此“同一场所”的概念较为宽泛，不光是指同时实施的作业，还包括先后进行的相关作业等。表 5-6 表示了有可能被视为“同一场所”的事例。

表 5-6　有可能被视为“同一场所”的事例

(A) 制造承包	即使使用隔墙隔离开来，在以电源供给为首的设备方面，或是在搬运、交付零件或半成品等作业方面，招标企业与承包公司的劳动者的作业在安全上有所关联时
(B) 日常安全保障	招标企业的一部分工作交由承包公司承包时，母公司与承包公司在安全上有所关联时
(C) 买卖零件或半成品	在同一工场等，承包一部分制造、零件搬运的交接、提供电源及其他有用器械等，进行的作业在安全上有所关联时

出处：笔者根据厚生劳动省中央劳动灾害防止协会：《汽车制造业中招标企业与相关承包商的安全卫生管理标准手册》，p.35（2012）为基础制作而成。

5.5 信息传达方法（信息传达的典型事例）

灾害发生率受到信息传达方法的极大影响。以下介绍信息传达方法的影响、对传达的信息进行检查、勘验的影响及其典型事例。

（1）信息的传达方法与灾害发生率

表5–7表示了信息的传达方法与灾害发生率（年千人率）的关系。从中可以看出，想要确切地传达信息，重要的是通过文件而不是口头提供信息，同时需要在现场进行确认。

表5–7　向合作公司通知与危险性相关的信息的方法与灾害发生率

传达方法	灾害发生率
1.通过文件通知，同时在工程开始前必须在现场确认工程内容	4.4
2.通过文件通知，同时有必要的时候在工程开始前在现场确认工程内容	4.66
3.通过订购标准书等文件通知	5.74
4.口头通知	8.81
5.并没有特别通知	11.76

出处：笔者根据厚生劳动省劳动基准局:《关于大规模制造单位中与安全管理相关的自主检查结果》，2004年2月，http://www.mhlw.go.jp/topics/2004/02/tp0217-1.html的数据为基础制作而成。

（2）确保贯彻、定期审核作业标准手册与灾害发生率

传达信息的基础是确保贯彻作业标准手册。致力于解释内容、训练等工作的单位灾害发生率大约是没有开展这些工作的单位的一半。

此外还可以得知，致力于将作业手册调整为符合现场的实际情况的单位，如在违反作业标准手册时讨论原因、进行定期审核等，其信息传达处于良好的状态。

表 5–8 是作业手册的贯彻方法与灾害发生率（年千人率）的关系。

表 5–8　作业标准手册的贯彻方法与实施必要的训练与灾害发生率

作业手册的贯彻方法	灾害发生率
1. 训练相关人员掌握基于作业标准手册的作业方法	4.53
2. 以相关人员为对象详细解释内容	5.03
3. 制作作业标准手册，或是确保将修改的主旨通知相关人员	6.13
4. 没有特意做什么	9.58

出处：笔者根据厚生劳动省劳动基准局：《关于大规模制造单位中与安全管理相关的自主检查结果》，2004 年 2 月，http://www.mhlw.go.jp/topics/2004/02/tp0217–1.html 的数据为基础制作而成。

表 5–9 反映了当出现有违反作业标准手册的行为时，调查违反的原因与灾害发生率（年千人率）的关系。

表5-9　违反作业标准手册的行为的原因调查与灾害发生率

导致违反作业标准手册原因的调查实施情况	灾害发生率
1.调查原因，根据需要重新审核作业标准手册	4.97
2.调查原因，但不采取特别的措施	5.80
3.几乎不调查原因	8.68

出处：笔者根据厚生劳动省劳动基准局：《关于大规模制造单位中与安全管理相关的自主检查结果》，2004年2月，http://www.mhlw.go.jp/topics/2004/02/tp0217-1.html的数据为基础制作而成。

表5-10反映了作业标准手册的定期审核情况与灾害发生率（年千人率）的关系。

表5-10　定期检查作业标准手册内容的实施情况与灾害发生率

定期检查作业标准手册内容的实施情况	灾害发生率
1.每年进行1次定期检查	4.48
2.数年之内进行1次定期检查	4.94
3.如果没有作业方法变更等的话，不特意进行检查	7.43

出处：笔者根据厚生劳动省劳动基准局：《关于大规模制造单位中与安全管理相关的自主检查结果》，2004年2月，http://www.mhlw.go.jp/topics/2004/02/tp0217-1.html的数据为基础制作而成。

（3）信息传达的典型事例

笔者曾经汇总了厚生劳动省委托给中央劳动灾害防止协会的《化学工业中招标企业与相关承包商的安全卫生管理标准手册》与《汽车制造业中招标企业与相关承包商的安全卫生管理标准手册》。当时视察了许多单位的安全管理活动。表5-11介绍在这一视察中获得的信息传达相关的典型事例。

表 5-11　信息传达的典型事例

传达方法	事例
1.用1张A4纸通知信息	①工程安全指示书 ②危险有害性信息
2.简洁地总结重要事项，携带于口袋中	③工场基本规则
3.招标企业与相关承包商用1张纸联络信息	④通知单
4.明确相关作业的作业顺序、作业时间以及联系方式	⑤作业时间表(电话簿)
5.进行作业教育后，实施理解度测验	⑥理解度测验
6.简单易懂的标识	⑦工程作业的禁止告示牌、挂锁

事例 1　工程安全指示书

这是化学公司的事例。将必要事项总结在 1 张纸当中（图 5-8）。

作为招标企业的化学公司向负责工程的相关承包商发行包括 MSDS（Material Safety Data Sheet：产品安全数据表）在内的风险评估信息与安全措施的信息，以及以此为基础制作的工程安全指示书。

相关承包商在工程安全指示书当中填写已确认应该采取安全措施的项目，并且就工程安全与招标企业的相关部门召开预备会议。

由招标企业（一部分相关承包商）在工程现场进行安全确认，并且由三者（招标企业的设备管理部门——制造部门、工程管理部门——设备安全维护部门、相关承包商）或是两者（制造部门与相关承包商）在现场进行确认。

在这些确认当中，该工程指示书是招标企业与相关承包商之间传达信息的关键。

样式-1

年　月　日

殿　　**工程安全指示书**　　定（临）修工程No　　公司名称

○记载内容由工程负责部门、设备管理部门两者进行双重检查。
○填写时避免容易混淆的说法。

工程概况	工程名称				GM或课长	TL	工程负责部门记载
	工程期间	自　年　月　日　时　分 至　年　月　日　时　分	场所	负责人		负责人	
工程负责人	设备管理部门	部　课　TEL 负责人	工程负责部门	部　G　TEL 负责人			

设备管理部门措施 检查栏						设备管理部门记载
动力机械、电力	打开开关、上锁、标识、松开导线、松开传送带、固定把手			负责人	确认者	
热交换器、塔槽、容器	抽液、洗涤（水洗、温水、煮沸）、水洗后不上浆、标识、测定可燃性瓦斯浓度 抽压、揭盖、置换（N2、CO2、空气）O2浓度测定、硫化氢浓度测定					
管道、阀门	关闭、抽液、洗涤（水洗、温水、煮沸）、水封、上锁、紧缚、标识、测定可燃性瓦斯浓度 抽压、闭板、拆卸、置换（N2、CO2、空气）O2浓度测定、硫化氢浓度测定			工程负责部门	记载事项检查者	
防火	喷水、灭火器（种类　　数量　　）、监视人（巡逻、平常）					
放射线	关闭放射线源、上锁、标识、定界、测定线量率	标记	要・否			
废弃物	临时・工程用不可燃物（可燃物）　废弃物处理委托书		要・否			

特别指示事项（符合的事项标记○）

预想的危险性以及相关、合作公司的措施

危险	内容	措施	记载
火灾、爆炸	引火性、爆炸性、可燃性 内容物	指定场所以外严禁烟火 现场规定指定场所 穿着静电鞋：必须（ ）、严禁（ ）	GM或课长
中毒 缺氧 化学伤害 烫伤	内容物、残留物	借贷保护用具（　　） 相关、合作公司自己提供保护用具：面具（种类　　）；乳霜、保护面具、防风镜、保护眼镜、防雨斗篷、长靴、手套（橡胶、其他）等选择穿着；平时・拆卸时・安装时・打扫时穿着	课代 负责人
泄漏、喷射	管道、阀门	上锁・紧缚・标识：确认　其他（　　）	
放射性、电波障碍	RI、X线、电波发射设备	上锁：确认、标识：确认・安装　其他（ ） 使用许可确认	
特定・一般・准使用烟火 严禁烟火	危险区域共分　A类、B类、其他区域 烟火类型 吸烟 使用烟火期间　自　年　月　日　时　分　至　年　月　日　时　分	灭火器（种类、　数量　） 保养方法：喷洒・镀锌铁皮・防灾苫布　保养 其他（ ） 监视人	GM或课长 TL
	设施是否被带出工厂　有・无	合作公司车间中使用烟火　有・无　带出单位　有・无	
接触	管道、架子	测量高度	工程负责部门记载
坠落、掉落	高处作业	救命网、标识、禁下投落、监视人、作业地板、行走地板、防护网、安全带	
地下埋设物	电缆（电力、电话、测量设备）、管道（瓦斯、水管）	勘探　残土处理：工程残土・混凝土・沥青	负责人
附近场所	有害物　名称及内容 活线（　　V） 其他　名称及内容	槽内作业、印章栏 残土处理：工程残土・混凝土・沥青	

特别记载事项

关于内容、残留物，参照另附《危险有害性信息表》	槽内作业主任 槽内作业监管人：设备管理部门　合作公司　｜　槽内作业区分　｜　A、B槽
安全措施要点书：有、　无	
附近作业：有、　无	安全锁负责人

相关作业其他特别指示事项的补全

该安全指示书的批准者区分		烟火作业 特定	烟火作业 一般	槽内作业	放射线作业	一般作业
危险区域	A种	部长		部长	课长	课长
	B种	课长		课长		课长代理
其他区域		课长代理（TL）				

⇨ 批准者　章：章　　开工许可者职位

□ 安全商谈会 □ 安全确认会	年　月　日	工程负责部门

相关合作公司栏

在施工之际，向全体作业人员通知本指示书所规定的事项，并遵守本指示书。
我承诺遵守相关法令、承包商守则以及其他贵公司的各种规定，并采取危险预防措施与其他安全卫生对策。

年　月　日

工程负责人名　　作业负责人名

职称

姓名　　章

○本指示书应张贴于工程作业现场。
○在开工之际，获得工程负责部门的开工许可后，事先向设备管理部门出示本指示书。（包括相关合作公司的作业现场）每天向工程负责部门与设备管理部门报告作业开始与结束。

图5-8　工程安全指示书的例子

出处：厚生劳动省中央劳动灾害防止协会：《化学工业中招标企业与相关承包商的安全卫生管理标准手册》，p.78（2011 年 2 月）。

事例 2　向现场作业人员提供危险有害性的信息

关于化学物质的危险性，需要从 MSDS 中摘录现场作业人员应该知道的事项并汇总于 1 张纸上，向相关人员提供信息。

MSDS 上记载了大量信息，现场作业时应该知道的事项包括操作上的注意点、保护用具、有害危险性、危险的应急措施。

提供者或许会为了心安而想要提供大量信息，但是对利用者来说，尽最大限度也只能遵守 1 张纸的内容。在提供信息时重要的是，选择提供的信息不仅仅限于危险有害信息。

安全数据表			
物质名称	○○○○○化学式（示性式）	性状	急性有毒物质、刺激性物质
操作上的注意点	为了不会接触到人体而穿着保护用具作业，因具有可燃性所以需要注意烟火，如果在人体周边感觉到异常的话，马上中止作业，离开现场，并向作业负责人报告		
保护用具	防尘镜或护目镜、橡胶手套、有需要的话使用防毒面罩（有机气体或氰酸用）、或是航空面具		
有害危险性	吸入、接触、吞咽时，容易被吸收，引起急性中毒。如果被液体浸渍又置之不理的话，会引起局部炎症		
应急措施	进入眼睛时	马上用大量清水清洗30分钟以上，尽快接受医生的诊断	
	接触到皮肤时	马上脱下黏附的衣服等，用大量清水清洗接触部位30分钟以上，尽快接受医生的诊断	
	吞咽时	给受害人喝温水等，使其呕吐出来，尽快接受医生的诊断	
	吸入时	马上将其转移至有新鲜空气的场所，注意保温、使其保持镇静，可能的话吸入氧气。尽快接受医生的诊断	

图 5–9　安全数据表的事例

出处：厚生劳动省中央劳动灾害防止协会：《汽车制造业中招标企业与相关承包商的安全卫生管理标准手册》，p.67（2012）。

事例 3　携带卡片“工厂基本规则”

“工厂基本规则”
1. 正确穿着佩戴作业服装、帽子、安全鞋、保护用具 （需要注意保持作业服装的清洁，不要卷起袖子、卷起下摆、把领子竖起来） 2. 步行中不要把手插入口袋内 3. 严格实行岗位上的5S（整理、整顿、清扫、清洁、教育） 4. 不能无资格作业 5. 发生异常时，修理、检查作业时要切断动力源（电力、空气、油压等） 6. 不要站在悬吊的货物下面 7. 不要靠近运行中的叉车

图 5-10　工厂基本规则的事例

出处：厚生劳动省中央劳动灾害防止协会：《汽车制造业中招标企业与相关承包商的安全卫生管理标准手册》，p.88（2012）。

事例 4　通知单

相关承包商从招标企业借用的机器发生故障或是出现毛病时需要及时报告，为了确定可以委托招标企业进行修理，使用 1 张通知单向相关承包商与招标企业通知信息。

通知单可以使招标企业与相关承包商共享信息，同时还能确切地传达相关承包商的修理请求等（图 5-11）。

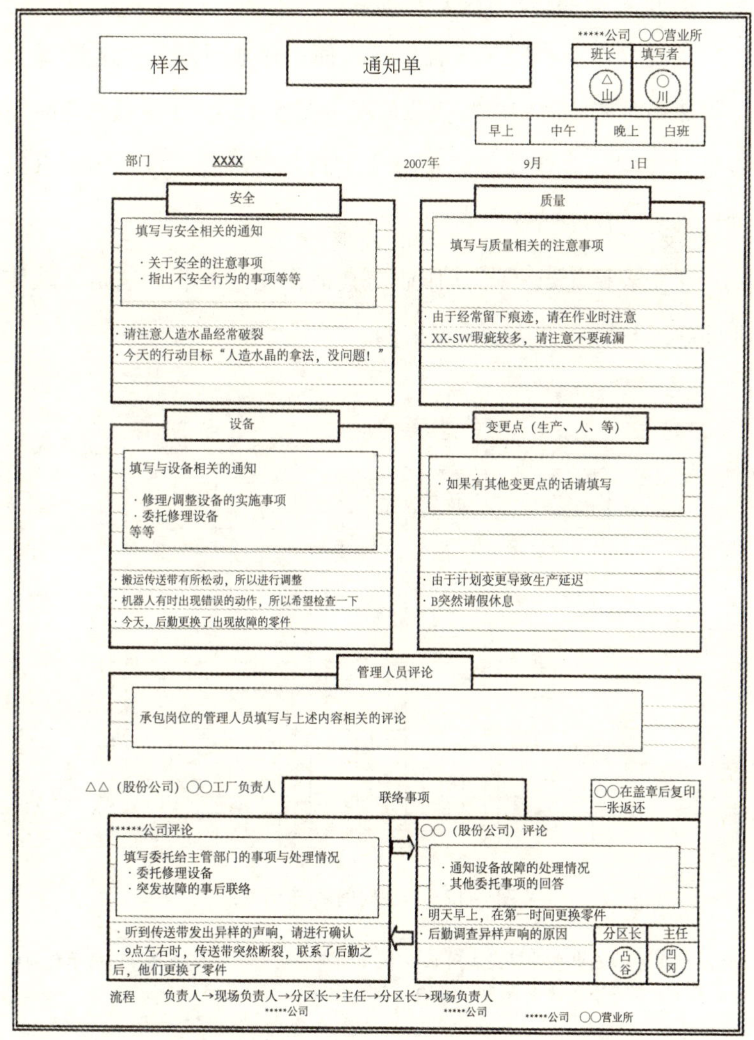

*****公司　〇〇营业所

样本	通知单	班长	填写者
		△山	〇川

早上	中午	晚上	白班

部门　XXXX　　2007年　9月　1日

安全

填写与安全相关的通知

· 关于安全的注意事项
· 指出不安全行为的事项等等

· 请注意人造水晶经常破裂
· 今天的行动目标“人造水晶的拿法，没问题！”

质量

填写与质量相关的注意事项

· 由于经常留下痕迹，请在作业时注意
· XX-SW瑕疵较多，请注意不要疏漏

设备

填写与设备相关的通知

· 修理/调整设备的实施事项
· 委托修理设备
等等

· 搬运传送带有所松动，所以进行调整
· 机器人有时出现错误的动作，所以希望检查一下
· 今天，后勤更换了出现故障的零件

变更点（生产、人、等）

· 如果有其他变更点的话请填写

· 由于计划变更导致生产延迟
· B突然请假休息

管理人员评论

承包岗位的管理人员填写与上述内容相关的评论

△△（股份公司）〇〇工厂负责人

联络事项

〇〇在盖章后复印一张返还

******公司评论

填写委托给主管部门的事项与处理情况
· 委托修理设备
· 突发故障的事后联络

· 听到传送带发出异样的声响，请进行确认
· 9点左右时，传送带突然断裂，联系了后勤之后，他们更换了零件

〇〇（股份公司）评论

· 通知设备故障的处理情况
· 其他委托事项的回答

· 明天早上，在第一时间更换零件
· 后勤调查异样声响的原因

分区长	主任
凸谷	凹冈

流程　负责人→现场负责人→分区长→主任→分区长→现场负责人
*****公司　*****公司　*****公司　〇〇营业所

图5-11　相关承包商向招标企业发送通知文件的事例

出处：厚生劳动省中央劳动灾害防止协会：《汽车制造业中招标企业与相关承包商的安全卫生管理标准手册》，p.65（2012）。

事例 5　作业时间表（电话簿）

在混合作业当中，工程负责人使用作业时间表（电话簿），每隔 2 小时在该表中填写实际情况（图 5–12）。使用该作业时间表可以在招标企业与各承包单位之间共享进展信息，同时可以进行必要的程序调整。

这张表格记载了各项作业与其他作业的关联，这是反映作业间联络与协调方法的典型事例。

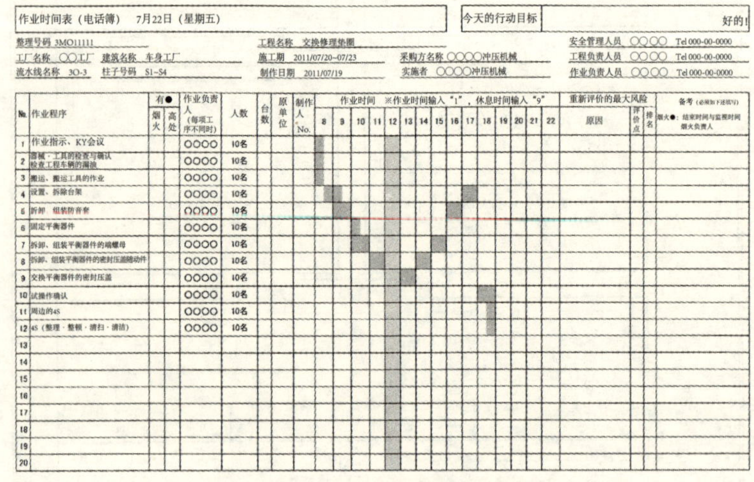

作业时间表（电话簿）　7月22日（星期五）　　今天的行动目标　　好的!

整理号码 3MO11111　　工程名称　交换修理垫圈　　安全管理人员　○○○○　Tel 000-00-0000

工厂名称　○○工厂　建筑名称　车身工厂　　施工期　2011/07/20~07/23　　采购方名称 ○○○○冲压机械　　工程负责人员　○○○○　Tel 000-00-0000

流水线名称　3O-3　柱子号码　S1~S4　　制作日期　2011/07/19　　实施者　○○○○冲压机械　　作业负责人员　○○○○　Tel 000-00-0000

No.	作业程序	有● 烟火	有● 高处	作业负责人（每项工序不同时）	人数	台数	原单位	制作人 No.	作业时间 ※作业时间输入“1”，休息时间输入“9” 8	9	10	11	12	13	14	15	16	17	18	19	20	21	22	重新评价的最大风险 原因	评价点	排名	备考（必须如下述填写）烟火●：结束时间与监视时间 烟火负责人
1	作业指示、KY会议			○○○○	10名																						
2	器械・工具的检查与确认 检查工程车辆的漏油			○○○○	10名																						
3	搬运、搬运工具的作业			○○○○	10名																						
4	设置、拆除台架			○○○○	10名																						
5	拆卸、组装防音套			○○○○	10名																						
6	固定平衡器件			○○○○	10名																						
7	拆卸、组装平衡器件的端螺母			○○○○	10名																						
8	拆卸、组装平衡器件的密封压盖随动件			○○○○	10名																						
9	交换平衡器件的密封压盖			○○○○	10名																						
10	试操作确认			○○○○	10名																						
11	周边的4S			○○○○	10名																						
12	4S（整理・整顿・清扫・清洁）			○○○○	10名																						
13																											
14																											
15																											
16																											
17																											
18																											
19																											
20																											

图 5–12　作业时间表(电话簿)

出处：厚生劳动省中央劳动灾害防止协会：《汽车制造业中招标企业与相关承包商的安全卫生管理标准手册》，p.56（2012）。

事例 6　检查入场者对安全教育的理解程度

在实施入场教育后，通过简单的测验确认其理解程度。公司规定不通过该测验则不能进入场内。通过反复检测入场者的理解程度，贯彻从事工程的人员必须理解的事项（图5-13）。

检查入场者的安全教育理解程度

年 月 日

听课人	公司名称	
	姓名	

为正确的事项填写○，为错误的事项填写×。

No.	问题	解答
1	由于是从前一天开始的持续性作业，所以在开始作业时不需要收到"确认票"	
2	作业车需通过临时道路使用许可，在指定场所停车时需要上锁	
3	只要不在吸烟处以外的地方吸烟，可以将火柴、打火机带进现场	
4	由于当天的作业一早结束了，所以在进行预定明天实施的作业时不用向作业负责人报告	
5	打开凸缘时，清洗完毕后也需要避开正面，缓缓地拧开螺丝	
6	由于电动工具是最近才购买的，所以不通过携带检查就投入使用	
7	由于在作业中发现附近管道有瓦斯泄漏，所以立刻停止作业，并联系附近仪器室的负责人	
8	在塔槽内从事缺氧作业，第一天由缺氧作业主任测量了氧气浓度，判断第2天应该也没有变化，所以没有测量	
9	使用安全带时，挂钩的位置要比腰高	
10	1人KY需要在每项作业步骤当中指出来，并且用说话的方式确认安全	
11	由于明天还需要继续作业，所以下班回家时工具、机械保持在作业的状态	
12	吊车需要获得计划许可，但Unic随车起重机较小，所以只需要进行联系即可	
13	只要有驾驶证，就算不接受**的驾驶员讲习也能在场内开车	
14	由于瓦斯泄漏（道路截断）的警报鸣响，所以在道路左端停车，马上停止发动机	
15	由于在蒸汽管道附近作业时过于炎热，于是卷起袖子进行作业	

问题事项

评分	/15

设备团队 评论

*1.错误3题以下根据项目进行指导（在评论栏中填写）

*2.错误3题以上由所属公司重新进行教育（提出报告书）

检验章	管理人员	负责人

图5-13 检查入场者对安全教育的理解程度

出处：厚生劳动省中央劳动灾害防止协会：《化学工业中招标企业与相关承包商的安全卫生管理标准手册》，p.97（2012）。

事例 7　工程作业的禁止告示牌等事例

在工程作业当中，为了确认禁止对现场开关等制动器进行操作，需要制定禁止告示牌与键锁的规定。通过安全管理板，确认所有人都收到工程开工许可的确认标牌等（图 5–14）。

①禁止告示牌

· 禁止对挂有禁止告示牌的设备进行操作。

· 只有本人或上司（长时间本人不在时等情况）可以摘除。

· 分颜色填写名字。

白：制造课（只有母公司才能挂）

绿：与工程相关（同上）

红：与电力相关（同上）

蓝：合作公司（只有合作公司才能挂）

合作公司挂在搅拌机等有可能被夹住卷入的地方。

（为了确保合作公司自身的安全）

· 在同一场所由各负责人挂上禁止告示牌后才能进行作业。

（就算其他的负责事项结束后摘除了其负责的禁止告示牌，只要不是所有人都摘除，仍然不能操作）

②键锁与挂锁

· 确保个人安全。

· 每个人都带着挂锁，在进入作业场所之际，先用挂锁锁住键锁后再进入。

· 只要里面有人就无法打开键锁，因此不能打开开关。

图 5–14　工程 · 作业的禁止告示牌等事例

出处：厚生劳动省中央劳动灾害防止协会：《化学工业中招标企业与相关承包商的安全卫生管理标准手册》，p.83（2012）。

第6章

经营高层的职责与责任

1.经营高层的责任	·经营高层亲自带头实践安全管理活动 ·经营高层致力于安全活动的事例
2.贯彻“安全第一”	·“安全第一”的意思是“安全第一、质量第二、生产第三”,其明确反映了组织内部行为与判断的优先次序
3.从事安全活动的事例	·介绍从事安全活动的事例 (丰田汽车、住友化学、杜邦)
4.考虑安全的义务	·介绍经营人员、管理人员承担的“考虑安全的义务”

6.1 本章的重点

经营高层对安全的认识、实践方法与现场的安全实际成绩有着直接的关联。

发生过事故的公司高层总是在记者招待会上表示“发生了不应该发生的事情，深感抱歉”，“我平时对安全的认识没有渗透到组织当中”，然后表明自己的决心“一定会重新贯彻‘安全第一’的认识，全力投入确保安全的活动当中，恢复社会对我们的信任”。

这一系列说辞存在着以下的问题：

①“不应该发生的事情”其实是话里有话，意思是直到发生事故的时候为止，都认为“不应该发生的事情 = 不会发生的事情”。这反映了该企业的风险对策不够充分。

安全确保及风险评估必须从直视“在某些条件下有可能会发生事故与灾害”的现实出发。

②无法在组织中贯彻“安全第一”，是因为高层没有亲自带头实践安全活动，员工看穿了经营高层实际上想要“确保利润”的经营态度。

今后日本的安全管理不再像过去一样以优秀的作业人员为前提，而应该以“作业人员会犯错，机械会损坏”为前提展开工作。也就是说，需要从过去的自下而上型的安全管理转变为经营高层站在第一线发挥领导力，积极推进安全活动。

6.2 经营高层的责任

经营高层需要向组织内外表明“最优先安全”这一明确的理念，将确保安全作为经营中最重要的事项之一，同时带头进行示范。具体来说，经营高层需要频繁地走访车间，将其对产业的展望与对安全的想法告诉大家，使所有人拥有同一经营目标。

表6-1　经营高层的职责与责任

1. 将安全管理作为企业经营中最重要的事项之一	·向组织内外明确地表达自己对安全的想法 ·贯彻“安全第一”与“遵守规定”
2. 高层亲自带头示范、实践安全管理活动	·组织中各岗位的责任与权限的明确化 (尤其是流水线与安全员工的责任与权限) ·经营高层走访生产现场
3. 推进风险评估	·在风险评估的基础上推进风险基础的安全管理 ·车间高层拥有风险评估的综合管理责任
4. 合理地分配人力资源、设备资源	·实践重视安全的经营 (为安全对策分配人力、物力、财力)
5. 确立包括相关承包商在内的综合安全管理体制	·包括合作公司在内的综合安全管理 (提供信息、作业间的联络与协调等)

经营高层在安全管理方面实践的活动项目与安全实际成绩密切相关。此外，员工也会关注经营高层如何分配经营资源，

如何分配安全管理的人才等，评价经营高层对安全采取的态度。

法律规定，经营高层有义务实施风险评估，并且实现包括相关承包商在内的综合安全管理体制。表 6–1 是对经营高层的职责与责任的总结。

（1）经营高层亲自带头实践安全管理活动

高层的安全管理活动项目数与灾害发生率

经营高层有必要表明在安全方面的强硬态度，并且承担责任，建立确保安全的自主管理体制以及确立具有实际效果的活动计划。

在厚生劳动省实施的“关于大规模制造业车间中与安全管理相关的自主检查结果”当中，提到“为了解决灾害发生率高的车间所具有的问题，经营高层的积极参与是十分重要的”。单位高层参加越多的安全管理活动，车间的灾害发生率（年千人率）越低（参照第 1 章、图 1–8）。

《劳动安全卫生法》中所规定的高层的职责

2006 年修改的《劳动安全卫生法》（劳安法）中明确记载，单位高层（综合安全卫生管理人员）①需要表明与安全卫生相关的方针；②有责任制作、实施、评价、改善该实施计划；③有责任实施风险评估（表 6–2）。

表6-2 《劳动安全卫生法》修改版中规定的综合安全卫生管理人员等的追加业务

追加的事项	综合安全卫生管理人员综合管理的业务	安全委员会的调查审议事项	卫生委员会的调查审议事项
表明与安全卫生相关的方针	○	—	—
调查危险性、有毒性等，以及基于该结果采取措施	○	○ （安全部分）	○ （卫生部分）
制作、实施、评价、改善与安全卫生相关的计划	○	○ （安全部分）	○ （卫生部分）
为了防止长时间劳动对劳动者的健康造成损害而采取对策	—	—	○
为了保持、促进劳动者的精神健康而采取对策	—	—	○

出处：厚生劳动省：《劳动安全卫生法》修改版，2006 年 4 月 1 日，实施，1996 年 4 月，http://www.mhlw.go.jp/topics/bukyoku/roudou/an-eihou/060401.html

风险评估的实施责任

风险评估是通过经营高层的领导力开展的，单位高层继承了经营高层的方针，并将其作为今后的安全管理活动的核心投入实践当中。

修改后的劳动安全卫生法中明确记载：①作为单位高层的综合安全卫生管理人员拥有实施风险评估的责任；②实施风险评估是安全卫生委员会的调查审议事项。

如图 6-1 所示，国际安全标准由三层结构组成，位于最上层的 A 型标准（基本的安全标准）包含了风险评估基本概念、一般原则（ISO 12100）与风险评估标准（ISO 14121）。风险评估是设计、制造机械时所必需的安全要求事项，其实施的对象是所有机械。也就是说，就算国际安全标准当中并没有对该机械的个别标准，也必须实施风险评估。

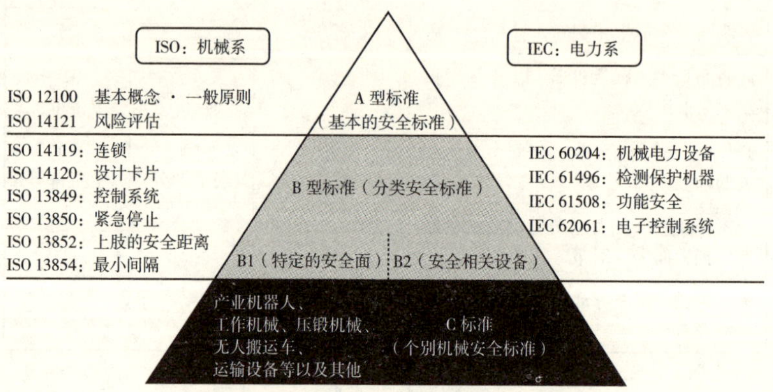

图6–1　机械安全的国际标准体系

出处：中央劳动灾害防止协会编：《今后的机械安全——新〈机械综合性安全标准指针〉的相关解说》，p.13，中央劳动灾害防止协会（2007）

英国在 1999 年制定了重大事故灾害管理规则，并向英国健康与安全执行局（HSE）提交了《安全报告书》，其中记载企业必须实施风险评估，确认重大事故的危险，并且采取必要的措施防止此类事故的发生，降低对人与环境造成的影响。

下一页翻译、总结了 HSE 的 Madison 文献[①]。

在 JR 福知山线脱轨事故当中，还追究了事故现场的曲线半径从 600 米变更为 304 米时风险评估的实施结果以及与其他风

① T.E.Maddison：The Control of Major Accidents in the Chemical Industry–European Legislation and the Use of Appropriate Risk Assessment Techniques，http://ioshic.web.fcz.com/seminar/pdf/20091210_2nd_seminar/Maddison_Seminar_abstract.pdf

险相比较如何决定其优先次序的问题。今后日本的企业也应该具有向社会进行解释的责任，即解释如何实施风险评估才能让风险控制在可以容许的安全范围之内。

安全报告书：Safety Report

1. 重大事故灾害管理规则（COMAH：Control of Major Hazard Regulation）

所有的必要措施：在可行的范围内尽可能地抑制风险（ALARP）

ALARP：As Low As Reasonably Practicable

2. 应该记载于安全报告书中的最低限度的信息

解释可以想到的重大事故的原委及其发生的概率。

评价特定的重大事故的影响范围与严重程度。

3. 个别的 ALARP 证明

风险抑制措施是指必须将风险抑制在可以广泛性接受（broadly acceptable）的程度，或是控制在花费于抑制风险上的成本与降低的风险相比较非常不划算（grossly disproportionate）的程度。

当采取的措施被认为合理时，而且无法证明该措施所需要的成本与获得的效果相比非常不划算时，企业有义务实施该措施。

企业需要回答以下的问题：

· 为了抑制风险，还能再做哪些工作?

· 为什么迄今为止没有做这些工作?

· 是否有更多的可行性措施?

补充：ALARP 的原则

风险包括不能容许的范围、可以广泛性接受的范围与两者之间的ALARP范围。ALARP范围的原则是“必须最低合理可行地降低风险”。

将风险降低为零有可能需要无限度地花费劳动力与金钱，因此在ALARP范围内，当改善风险的费用与改善效果相比较非常不划算时，则采取忍受风险的态度。

比如说，日本每年因为汽车事故大约死亡4500人，社会上大家广泛容许这一死亡率。这反映了尽管汽车有风险，但是其带给生活的便利性比风险要高很多，所以人们选择在生活中接受这一风险。

经营资源的合理分配

经营高层需要确立自己公司以及合作公司的安全保障体制、安全管理体制，并对设备进行适当的更新、维护管理。“人力资源、设备资源”的分配本身就是经营判断，经营高层拥有重大的责任。

表6–3表示了综合安全卫生管理人员对安全管理部门员工的充裕程度的认识与灾害发生率的关系。单位高层认为安全管理部门员工不足的车间的灾害发生率是认为足够的车间的大约2倍。

表6–3　安全管理部门员工的充裕程度与平均灾害发生率

单位高层对安全管理部门员工充裕程度的认识	平均灾害发生率
1. 足够	4.51
2. 基本足够	5.24
3. 有点不足	6.41
4. 不足	8.90

出处：笔者根据厚生劳动省劳动基准局安全课：《关于大规模制造单位中与安全管理相关的自主检查结果》，2004 年 2 月，http://www.mhlw.go.jp/topics/2004/02/tp0217–1.html 的数据为基础制作而成。

表 6–4 表示了综合安全卫生管理人员对安全管理所需预算的充裕程度的认识与灾害发生率的关系。预算不足的单位与充足的单位的灾害发生率约有 2 倍之差。

表6–4　安全管理部门的预算充裕程度与灾害发生率

单位高层对安全管理部门的预算充裕程度的认识	平均灾害发生率
1. 十分充足	4.60
2. 基本足够	5.34
3. 有点不足	6.25
4. 不足	9.47

出处：笔者根据厚生劳动省劳动基准局安全课：《关于大规模制造单位中与安全管理相关的自主检查结果》，2004 年 2 月，http://www.mhlw.go.jp/topics/2004/02/tp0217–1.html 的数据为基础制作而成。

确立包括相关承包商在内的综合安全管理体制

“制造业招标方指针”要求招标企业确立包括相关承包商在内的安全管理体制。理由是相关承包商很多时候承担了高危险性、高有害性的作业，仅凭相关承包商自己的努力并不能有效地防止灾害发生，因此经营高层有必要积极地参与综合安全卫生管理。

奖励遵守规定的行为

事故总是发生在没有依照规定作业的时候。经营高层与单位高层肩负贯彻规定的重要责任。尤其是从平时开始奖励遵守规定的行为、不断地强调遵守规定是十分重要的。

①高层从平时开始就强调按规定作业的重要性并对其进行奖励。

②认识到人有可能会犯错，从设备与系统方面实施安全对策。

③致力于作业人员的知识、技能教育（参照第4章）。

遵守规定的前提条件是“岗位的活力”

为了使员工彻底遵守规定，经营高层、单位高层需要展现出“公司以及单位的理想形象（未来的样子）”，并且将工作岗位打造成“有意义的岗位”。

当每名作业人员都能认识到“在岗位上制造服务社会的产品，岗位才能得到持续性发展”时，他们就能心情愉快地投入工作，岗位也会保持活力。

当经营高层明确决定与表示出公司的战略，并且合理分配经营资源时，岗位会充满活力，也能提高生产现场的士气。

（2）经营高层致力于安全活动的事例

在安全管理方面取得优良成绩的企业经营高层都明确地表示了最优先安全的态度，并将这一态度渗透至整个组织内部。在此介绍丰田汽车与杜邦的事例。

丰田汽车

1957 年丰田英二最高顾问为丰田汽车制定了如图 6-2 所示的基本理念，之后全公司上下一直以该理念为中心，致力于建设安全、健康的工作岗位。

■基本理念

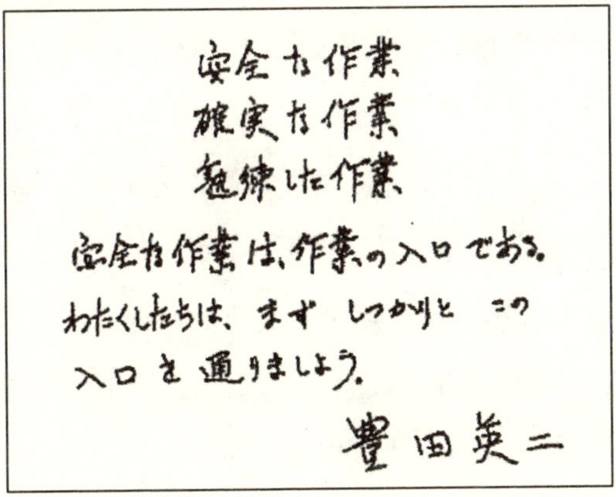

安全な作業
確実な作業
熟練した作業
安全な作業は、作業の入口である。
わたくしたちは、まず しっかりと この
入口を 通りましょう。
豊田英二

※1957 年丰田公司将担任“全公司综合安全卫生管理人员”的最高顾问丰田英二的话语作为基本理念。

图6-2　丰田汽车的基本理念

出处：丰田汽车：《环境报告书 2001》，p.70，http://www.toyota.co.jp/jp/environmental_rep/01/pdf/c70-71.dpf

该基本理念的出色之处是将“熟练的作业”规定为“消除勉强、不均、浪费的作业（安全的作业）、遵守规定、不偷工减料的作业（踏实的作业）”，明确提出了“根据作业的实际情况制定规定并遵守规定”这一安全管理的基础，并且长年坚持该理念。

安全的作业是指“消除勉强、不均、浪费的作业”。 踏实的作业是指“遵守规定，不偷工减料的作业”。 熟练的作业是指“安全且踏实的作业”。

杜邦

杜邦是取得卓越的安全成绩的世界级先进企业。

杜邦的安全是通过“经营高层让人感受得到的领导力（Felt Leadership）”与“经营干部强力且显著的责任感”来确保的。以下笔者从《向更安全的世界发展》[①]中引用杜邦对安全的态度。

“从创业开始安全是杜邦企业文化的一部分，每名员工不仅对自己的安全负有责任，而且还应注意到同事的安全。该观念与‘所有受伤都可以防止’的信念共同构成了公司的基本原则。基于该原则，杜邦不仅致力于落实以人的行动为核心的安全文化、发挥经营高层‘让人感受得到的领导力（Felt Leadership）’、确立技巧、将高要求的岗位纪律落实到每个人，而且还对公司外部提供各种各样的安全相关服务。”“安全管理的成功关键在

① DuPont Safety Resources 2006 年 NLQ2-2《向更安全的世界发展》。

于对安全进行垂直的系统性管理，这点只有通过经营干部强力且显著的责任（热情与参与）才能做到。”“杜邦认为，无论拥有怎样的系统，无论系统拥有多么优秀的功能，如果经营干部、流水线管理人员无法发挥出‘让人感受得到的领导力（Felt Leadership）’，就不能达到卓越的安全管理效果。将安全工作全部交给设备部门或是负责部门并不能确保安全，我们首先需要经营干部、流水线管理人员亲自带头进行示范，在同事、下属、员工面前体现出其热情与参与。”

此外，作为全球化企业的杜邦对纪律的要求比法律还要严格，当员工违反纪律时甚至会牵涉到解雇的问题。我们认为这种经营态度与其优秀的安全成绩是密不可分的。

6.3 贯彻“安全第一”

“安全第一”是“安全第一、质量第二、生产第三”的省略性标语，在任何工厂、作业现场都能看到该标语。

尽管最近该标语有点口号化了，但是一旦发生事故，任何企业的经营高层都会重新重视“安全第一”这一方针的贯彻。

要在组织内部贯彻“安全第一”的方针，需要向组织内部明确地表示与安全、质量、生产相关判断的优先次序。也就是说，为了确保安全，就算出现生产率降低、生产日程表延迟等情况，也需要在组织内部贯彻最重视安全的观念。

1912年，古河矿业足尾事业所的小田川全之先生在矿井内外挂上“专一安全”的布告牌可谓是日本自主性安全活动的开端。2011年是“产业安全运动100年”，可见安全活动已经长期扎根于日本。

安全第一

当时“安全第一（Safety First）”的观念已经渗透至整个美国。该标语是由当时的世界第一炼钢公司美国钢铁公司首先提出的。20世纪初，美国的钢铁行业十分不景气，生产设备荒废，灾害频发。美国钢铁公司的总经理加里是一名基督教徒，他“不忍看到同样是上帝子民的人们成为悲惨的受害者，遭遇不幸的灾害”，于是将公司的经营方针改成了“安全第一、质量第二、生产第三”。他采取了一系列的措施将作业人员的受伤率控制在最小限度，例如为机械装上安全装置，在拐角安设标识等。其结果不仅明显地降低了劳动灾害，而且成功地获取了大量利润。其用实际证明了对安全的投资可以为经营带来利益，于是其他企业也纷纷效仿。

安全第一的实践事例

澳洲航空公司是取得最佳安全成绩的航空公司。澳航致力于安全的起因是1959年飞机连同乘务员、乘客一起消失于毛里求斯海面的事故。事故后，澳航成立了安全部，全公司上下严肃开展了安全活动。

日本航空123号班机在御巢鹰山坠毁的事故发生后成立了

“如何处理意料之外的紧急事态”的研究委员会，黑田勋作为该委员会委员长，调查了澳航的安全管理。以下从黑田的著作《安全文化的创造》[①]当中引用澳航在安全管理方面的努力。“‘Safety before Schedule（安全比日程表更重要）’飞行操作标准手册（Fight Operation Manual）的第一页上记载，‘机长在驾驶时所做出的所有决定都必须以公司宪章的这句话为基础’。我问过澳航的飞行员，他们说‘Better late than never！’也就是说，‘比起分秒必争地飞行，造成坠落等无法挽回的事故，我们宁可迟到也要仔细确认安全后再出发’。”

该事例反映了“Safety before Schedule”的公司宪章可以让机长毫不犹豫地做出安全优先的判断。

6.4 从事安全活动的事例

以下是本节所介绍的三家公司的重点：

（1）丰田汽车：事故发生于“浪费的工作”。排除浪费的安全管理正是丰田生产方式，也是丰田汽车发展的原动力之一。

（2）住友化学：通过安全工学的技术开发新物质，获取创业者的利润。介绍其计划“流程安全讨论会”。

（3）杜邦：介绍全球化企业从事安全活动，并为成为优秀

① 黑田勋：《安全文化的创造——从人为因素思考》，p.193，中央劳动灾害防止协会（2000年）。

安全企业而做的努力。

（1）丰田汽车

长年在丰田汽车从事安全活动的铃木忠男在著作《丰田生产方式与安全管理》当中指出，事故起源于浪费的作业，因此发现"浪费的作业"就寻找真正的原因并将其排除与安全的确保紧密关联。遵守作业规定，不偷工减料是安全工作的第一步。[①]这一观念与丰田生产方式有着紧密的联系。

丰田的观点

之所以会发生灾害，是因为人们花费过多的注意力在本职工作以外的多余的工作上面，以及作业人员不遵守规章制度。确保安全需要彻底排除多余的工作，发现并且彻底消除浪费。

工作 = "本职工作" + "花费心思的工作（多余的工作）"。

丰田生产方式可以理解为追求效率化与降低成本。追求安全即是排除多余的工作，也正是丰田生产方式本身。安全作业的第一步是"作业的标准化"。如果不能依据标准进行作业，那么在制定标准方面就有问题。比如说，作业人员不依据标准进行作业是因为该标准很难执行，容易弄错顺序等问题，还有上司不指出违反标准的行为等问题。作业人员不知道标准的话则反映了没有教导好、难以记忆等教育方面的问题。

---

① 铃木忠男：《丰田生产方式与安全管理——安全管理活动的真髓》，pp.28–29，劳动调查会（2007）。

丰田方式中的 5W1H

丰田的 5W 是对发现的课题的解决方案重复 5 次“为什么、为什么、为什么、为什么、为什么”，而不是人们普遍认为的 5W（Who，When，Where，What，Why）。通过深入挖掘问题，可以获得本质性的对策（How）。

丰田生产方式的基础当中有 4S。通过整理、整顿明确岗位的浪费，这与安全对策紧密关联。

整理：分类必要与不必要的东西，只留下必要的东西，丢弃不必要的东西。

整顿：必要的东西陈列整齐，便于取用。

清扫：清扫存放处。

清洁：保持必要东西的清洁。

丰田方式的两大支柱

两大支柱是：①准时生产；②自动化。准时生产是指明确现场的勉强、不均、浪费，消除需要多余注意力的作业。丰田的自动化只是装有传送带的“自动化”。自动化是指安装让机械判断对错的装置，比如说丰田自动纺织机在纵线用完或是横线用完时就会马上停止运转。此外，在丰田当生产线出现异常时，人也能马上停止机械。像这样，将人的智慧教给机械即是自动化。

曾经在丰田汽车负责安全管理的古泽登在其著作《推动岗位积极性的实践性安全活动》[1]当中指出“丰田汽车发展的原动力是安全卫生活动”，并叙述如下：

“丰田汽车为什么能够保持持续成长？事实上，无论是在过去还是现在我们都面对着许多课题，但是我们一项项地解决了这些课题。我想原动力之一就是安全卫生活动。

“我认为通过‘改善’从安全卫生的角度发现的许多课题，极大地改变了制造业的体制。通过减少灾害的背景原因，也就是解决问题的计划，我们自然可以拥有简单的、精简的生产设备，而且可以营造出培养优秀人才的、充满活力的岗位，这与提高业绩有着密切的关联。”

（2）住友化学

住友化学认为企业活动的根本原则是“通过安全工学的技术开发新型事物，获取创业者的利润”。在生产新事物之际，对安全进行彻底的确认。

住友化学从研究开发产品的阶段开始，到实际建设工厂、进行生产的工业化阶段为止，通过“流程安全讨论会议”确认安全。只有在各阶段能够确认安全，才批准向下一阶段前进。这一点明确记载于公司的内部规章制度当中。

① 古泽升：《推动岗位积极性的实践性安全活动——安全员工·管理监督人员改变组织》，pp.3–4，中央劳动灾害防止协会（2012）。

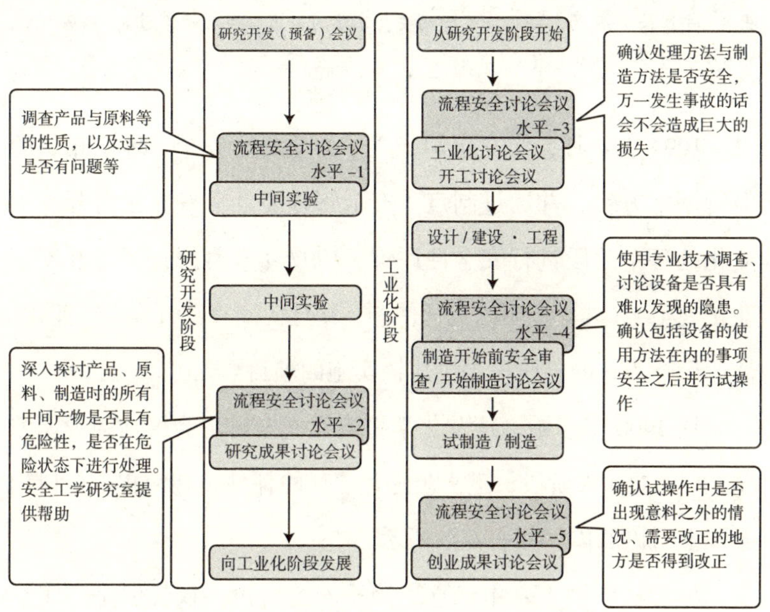

图6-3　住友化学流程安全讨论会议

出处：住友化学：《CSR报告》，http://www.sumitomo-chem.co.jp/csr/report/docs/er2001j.pdf、http://www.sumitomo-chem.co.jp/csr/report/docs/2011csr_ooita.pdf

表6-5　流程安全讨论会议

讨论会议的区分	实施阶段	讨论情况的确认内容(例)
水平1	研究开发中间阶段	操作物质(混合)的危险性、物质的事故信息
水平2	研究开发结束阶段	物质危险性与流程安全性
水平3	开工化决定阶段(基本设计阶段)	基本设计检查表、定量的危险度评价、灾害估计、工厂设施的事故信息等
水平4	详细设计阶段	详细设计检查表、风险评估、到试操作为止的教育计划等
水平5	试操作阶段	与试操作中出现的偏离、异常、变更点相关的潜在的、明显的危险性的重新评价

出处：平山隆一：《为加强住友化学的安全基础的努力与今后的课题》，安全工学，Vol.51、No.6、p.381（2012）。

1994 年 4 月，住友化学确立了与质量、安全、环境相关的经营基本方针，并通过制定《安全管理要领》等方法对开发工业化的各个阶段进行安全性评价。1997 年 9 月修订了《开发工业化规则》，进一步明确责任体制，并且明确直到开发、工业化、商业运营为止的各阶段当中应该实施的项目。

从 2000 年开始，住友化学将流程安全讨论会议加强为如图 6–3 所示的 5 大阶段，进一步强化了风险评估。在流程安全讨论会议上讨论的内容如表 6–5 所示。

尽管从体制上基本确立了流程安全讨论会议，但是在实际应用当中还出现了一些课题，比如说召开会议的必要性——尤其是判断为轻微的案件可以省略会议；其妥当性；应用于附加设备等本身风险小的设备的必要性；如何应用于开发、创业等追求速度的领域等。

（3）杜邦

杜邦积极严肃地致力于“安全”建立在创业时的雇用情况与对事故中付出的宝贵牺牲进行反省的基础上。以下从 Safety Message[①] 引用该部分。

① Safety Message2，http://www2.dupont.com/DuPont_Home/ja_JP/assets/pdf/ProductsandSevices/DSS_SafetyMessage_2.pdf

“1802年，杜邦公司在美国特拉华州布兰迪维因河畔建设的黑色火药工厂屡次发生事故。1815年由于爆炸造成杜邦首次死亡事故，牺牲了9条宝贵的生命，1818年更是牺牲了40条宝贵的生命。”

“1818年爆炸事故的原因是现场监督人员饮酒，因此从此以后，在饮酒方面绝不容许任何妥协。1815年的事故发生后，杜邦为牺牲的员工家人确立了养老金计划，通过保障员工及其家人的生活来提高工作的稳定性。”

杜邦的安全10条

①所有受伤以及职业病都可以防止。

②管理人员对防止受伤以及职业病负有直接的责任。

③安全是雇用的条件。

④培训是确保岗位安全的基本因素。

⑤必须实施安全监督检查。

⑥必须马上改善所有安全上的缺陷。

⑦除了实际受伤的情况以外，还必须对有可能发生受伤的全部事项进行调查。

⑧不光是上班时间内的安全，上班时间外的安全也同样重要。

⑨安全是划算的工作。

⑩人是促进安全计划成功的最重要的因素。

在这段历史的基础上，杜邦制定了“10条安全原则”。该10条安全原则自1811年制定后经过增订与修改，至今依然发挥着作用[①]。

关于杜邦"10条安全原则"的说明

"所有受伤以及职业病都可以防止"的原则并不是贴在墙壁上的标语。它意味着不承认与隐患有所关联的"1万次中出现1次是无可奈何的事情。有时会发生迫不得已的事情"等例外的想法。

此外，"管理人员对防止受伤以及职业病负有直接的责任"的原则也意味着不承认包括经营高层在内的流水线管理人员将安全工作全部交给负责人的例外事项，要求贯彻管理人员的责任。像这样，致力于安全活动即意味着加强岗位纪律，以优秀的执业信念从事工作。

杜邦安全管理的核心是高层管理的责任与"可视化的管理人员公约"（图6-4）。"新增或是改造设备时，必须由一名高层管理人员亲自确认操作安全后才让员工来操作"的这句话正反映了高层管理的重要责任。

经营高层、管理人员雇用员工的条件是"保证可以安全作业"，对员工采取严厉的态度，"如果不遵守规定的话不惜解雇员工"。

① 厚生劳动省中央劳动灾害防止协会:《汽车制造业中招标企业与相关承包商的安全卫生管理标准手册》，p.9（2012年2月）。

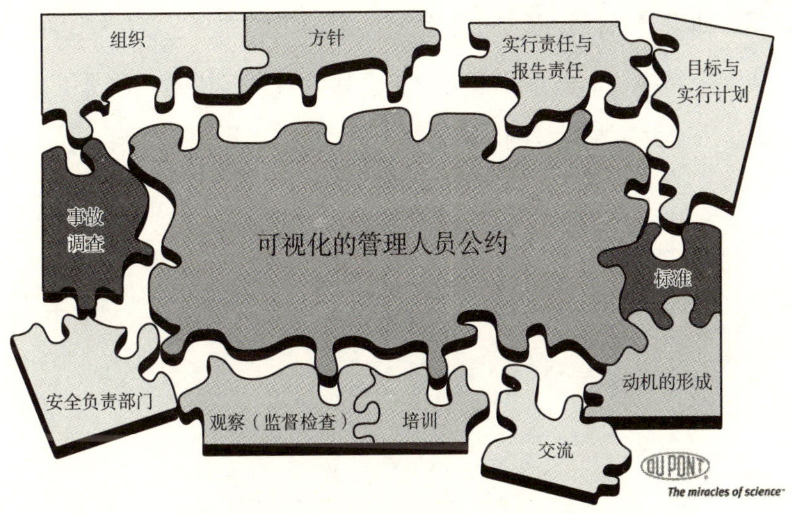

图 6-4　杜邦的安全管理成功的必需条件

出处：DuPont Safety Resources 2006 年 NLQ2-2《朝向更安全的世界》，http://www2.dupont.com/DuPont_Home/ja_JP/assets/pdf/ProductsandSevices/safetynews_07.pdf（URL 是执笔当时的链接）

图 6–5 是杜邦总结的灾害金字塔，其反映了原因的差别很小，但造成的结果却有着天壤之别。

重大灾害、轻伤灾害、轻擦伤、隐患等结果有着天壤之别。但是其原因的差别很小，包括标准作业程序、轻视规定等在内的 96% 的不安全行为都与对安全的认识相关。

想要通过消灭不安全行为营造世界级的安全岗位，包括经营高层在内的流水线管理人员不能默认不安全行为，并且需要亲自带头示范行为。这尤其是与经营高层的商业观、看待安全的价值观、在错综复杂的产业决策当中对安全的优先度息息相关。如果经营高层对安全的热情与参与不够充分，员工无法相信安全是组织的基本价值，员工会认为对自己或是其他员工来说，安全并不是重要的事项。

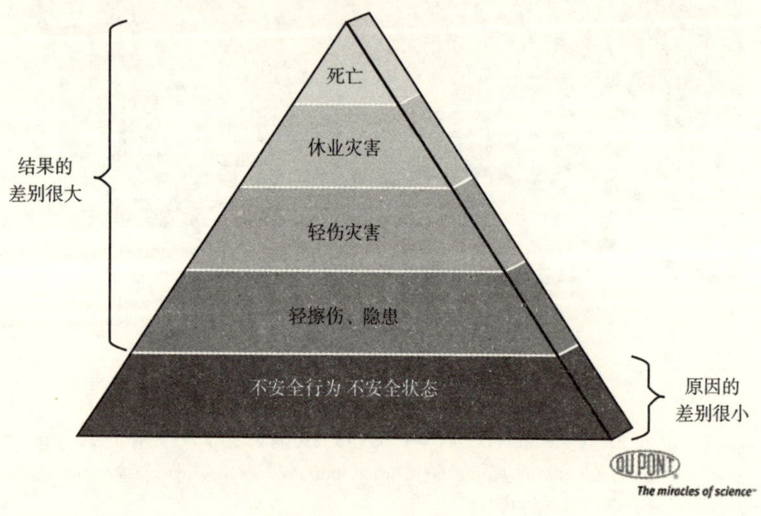

图6–5　灾害金字塔

出处：DuPont Safety Resources 2004年 NLQ3-1《朝向更安全的世界》，http://www2.dupont.com/DuPont_Home/ja_JP/assets/pdf/ProductsandSevices/safetynews_02.pdf（URL是执笔当时的链接）

6.5 考虑安全的义务

考虑安全的义务是企业与劳动者签订合同时的义务。当发生劳动灾害时，无论法令是否有规定，都需要从以下两方面判断企业是否违反了考虑安全的义务：①是否放松了安全方面所必需的措施？②不管能不能预见灾害（预见可能性），是否采取了社会常识中的预防措施进行预防（危险回避性）？

日本《劳动合同法》第 5 条规定："根据劳动合同，使用者需要考虑到在劳动者进行劳动时能够确保其生命、身体等的安全。"然而，以日本劳动安全卫生法为首的劳动安全卫生相关法令只规定了企业应该采取的具体措施，并没有记载考虑安全的义务。

关于考虑安全的义务，法律并没有列举应该采取哪些措施，不过一般认为其大概包括了以下内容：

①遵守安全卫生的相关法令。

②实施安全卫生相关法令中的努力义务规定、指针（方针）、通知等提出的措施。

③实施劳动灾害防止措施。

④履行危险预见（预知）义务。

⑤履行结果回避义务。

⑥履行与健康相关的安全义务。

这些内容如图 6–6 所示。

防止劳动灾害是企业的责任。这不只是道义上、伦理上的责任，而且发生灾害会给企业带来不可估量的影响。这些只有在事故发生之后人们才会了解。考虑安全义务的具体内容与其说是基于法令，毋宁说是基于过去的案例。请参考安西愈主编的《审判案例中考虑安全义务的实务》(中央劳动灾害防止协会)。

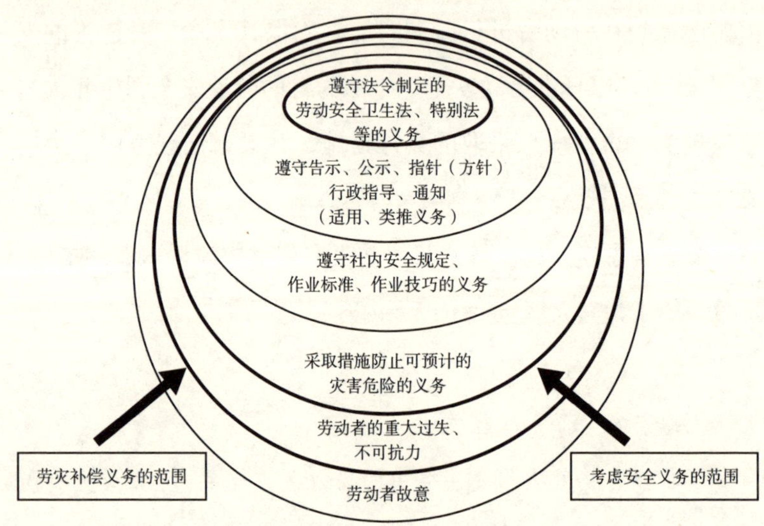

图6-6　考虑安全义务的范围

出处：安西愈:《审判案例中考虑安全义务的实务》，p.38，中央劳动灾害防止协会(2006年)。

第7章

今后的安全管理

7.1 本章的重点

21 世纪需要从资源、环境两方面追求新的技术开发。日本想要在国际竞争当中胜出，就必须创造新物质、开发新技术、在生产现场进一步改善生产技术。不懈地创新是必不可缺的，但其中隐藏着技术风险。

21 世纪的技术人员肩负着向社会做出贡献的使命，在创造新技术并投入产业化的同时，需要将从研究开发到产业化、使用、废弃的一系列过程中发生的技术风险控制在最小的范围内。想要使技术风险最小化，安全地生产产品，安全工学的作用是必不可缺的。

日本今后的安全管理存在三大课题。

第一，是从以“零事故”为目标的安全管理转变为“风险基础的安全管理”。“零事故”是崇高的理念目标，但现实中无论相关人员付出多大的努力，也不可能完全杜绝事故发生。另一方面，想要解决所有风险，无论是在技术层面还是经营资源层面都十分困难。我们需要认识这一现实，认识到“人所生产的产品不可能是完美无缺的，其中必然存在着风险，有发生事故的可能性”，并以可能实现的目标为基础，进行不引发重大事故的安全管理。

第二，是确立人力与技术力相结合的安全管理体制。安全是由“人为条件”与“物质条件”的“乘积”所决定的。过去我们通过“人为条件”来确保安全，然而现在现场的处理能力降低已经是不容否认的现实，所以今后需要更加注重调整“物质条件”。

通过操作人员的技能教育、“Know Why 教育”等锻炼每个人的能力，确立组织管理体制自然是安全管理的前提，而今后的安全管理需要从设计阶段开始将设备与系统设计为本质性安全的产品，采取一定的措施使得就算操作人员犯错也不会导致重大事故发生。但是，无论怎样努力地采取降低风险的对策，都会有残余的风险（残留风险）。确保安全的工作最终需要依赖人来处理，所以需要结合人力与技术力的管理。

第三，日本的安全过去是由现场点点滴滴地努力所支撑的。然而从最近的事故情况来看，通过这种“自下而上型”的方法来处理拥有一定的局限性。今后需要开展经营高层亲自带头进行安全管理活动的“高层主导型”安全管理。经营高层需要将确保安全作为企业经营中最重要的事项之一，并且明确组织中各层面的责任与职责。这是让安全文化渗透组织内部的关键点。

今后的安全管理重点

1. 从以“零事故”为目标的安全管理向“风险基础的安全管理”转变。
2. 人为条件与物质条件相结合的安全管理体制。
3. 从“自下而上型”管理向经营“高层主导型”的安全管理体制转变。

为了防止事故再次发生，查明技术性原因自然是十分重要，同时明确组织与体制等方面的关联也是必不可缺的。日本很多时候只顾着追究事故当事人的责任，实际上我们需要明确事故发生的背景因素——即组织与体制等方面的关联。我们应该将事故的当事人视为不幸地扣下最后扳机的人。通过查明背景因素并向社会公开，可以防止类似事故再次发生。

本章使用的“安全”“风险”“危险”等词语与《增补修订版 风险学事典》同样定义如下①：

> 安全（Safety）：不危险。
>
> 风险（Risk）：指由于某种有害的原因（故障）导致伴随损失的危险状态（Peril）发生时“损失”×“损失的发生概率”的总和。
>
> 危险（Danger）：有可能威胁到安全的状态或是原因，不能将其视为风险的同义词。

7.2 日本的安全管理课题

日本社会追求“零风险”，全球化标准（ISO/IEC guide51）将安全定义为“没有不可接受的风险（freedom from unacceptable risk）”。

“零风险”是崇高的理念目标，但是想要在现实中解决所有

① 日本风险研究学会编：《风险学事典（增补修订版）》，p.16，阪急交流（2006）。

风险，无论是技术层面还是经营资源层面都十分困难，因此我们需要在可能实现的目标这一基础上降低风险。

“无法将风险降低为零”意味着需要评价风险大小，决定其优先次序并且实施风险降低对策。也就是说，对重大风险实施降低对策，对轻微风险则采取忍受、容许的态度，从这一观点出发进行安全管理。

风险学被定义为“介于安全与风险之间的各种问题，需要以落实到人的认识——行动为目的，作为综合性科学开展的领域（末石、1993）”[①]。

（1）日本的风险认识

正如 2012 年全国安全周的口号“遵守规定的安全岗位，大家以零灾害为目标”所示，日本倾向于以“零灾害”为安全目标。

想要达到“零灾害”，需要以“零风险”为目标。然而，风险管理当中不可能做到“零风险”，安全目标只能是将风险抑制在容许值以下。

进行某些行动时，必然会发生风险。要避免风险就只能完全不行动，但即使如此也会有天灾等风险，因此现实中不可能达到“零风险”。以下引用向殿政男的著作《风险评估详解》[②]。

① 日本风险研究学会编：《风险学事典（增补修订版）》，p.16，阪急交流（2006）。

② 向殿政男：《风险评估详解——防范事故于未然的技术》，pp.35–36，中央劳动灾害防止协会（2003）。

全球化标准的安全认识

“比如说，陨石撞击地球导致死亡或是受伤的风险（或许是杞人忧天的词源）显然也是存在的。但是这种事情极少发生，所以是小的风险。”

“这种风险是大家都能接受的风险，即可以广泛接受的风险，因此我们将被陨石撞击导致受伤或是死亡视为安全。工厂的机械设备也是一样，我们需要采取措施不发生重大的事故，如果发生的事故只会造成轻微擦伤程度，这种轻微的风险则称为‘可以接受的风险’，也可以说是安全。”

日本人的风险认识有三大问题：

①通过“危险、不危险”的二元化价值进行判断。因此不定量评价风险大小，而是做出“停止危险的事情”的判断。

②每一行为都有“实施的风险与停止的风险”。此外，事物也必然拥有“风险与收益”。日本人不会对其进行比较，判断行为或是事物的是非。

③在停止行动时需要与代替方法比较之后再进行判断，但日本人没有采取“合计风险最小化”的思维方法。

日本的这种风险认识从何而来？

第一，向国民简单地解释“安全”时，很多时候国民要求以“是安全还是危险”的形式来回答。此时回答了“安全”，但国民认为“‘安全’=‘没有风险的状态’=‘安心’”。

“安全”与“安心”是不同的概念。两个不同的概念用于同一词语“安全安心”当中，终会造成“无法达到零风险就是不安全”的观念，也就是强调“零风险”。

合计风险最小化

每一行为都有“实施的风险与停止的风险”。此外，事物也必然拥有“风险与收益”。在判断“因为危险所以要停止”时，需要与代替方法比较之后再进行综合判断。

比如说，如果要停止核电，就需要讨论如果采取火力发电作为代替方法，将会面对如何长期确保燃料、排放的二氧化碳对地球环境造成的影响等课题。如果采用可再生能源的话，将会面对确保能源的量与发电成本增加等课题。

此外，从长期可持续社会的观点来看，需要通过生命循环评估（LCA）等方法评价从制造、消费到废弃的整个生命周期所消耗的能源总量以及对环境产生的影响，从而判断某一流程的好坏。

虽然存在“不应该使用危险的事物”的预防原则，但是该原则的适用前提条件是“有代替物”，“使用代替物可以降低风险”，“除了风险非常大的情况以外，风险收益论成立”。

像这样，判断事物是非时需要考虑最小化总体风险的“合计风险最小化”。

“安全”可以通过一年当中发生死伤事故的频率等数值来衡量，但“安心”是主观的心情问题，无法用数值来衡量。也就是说，就算通过技术与制度推进确保安全，也不一定能给人们带来安心感。

第二，追求食品的“零风险”目标扩大至许多别的事项。安井至指出，如果食品可以完全自给自足的话，人们就能直面风险，并且考虑“食品所拥有的风险到哪一程度为止即可食用”。然而，日本很大一部分食品依赖进口。既然是花钱购买的食品，人们就会在食品上追求“完全的安全=零风险”。追求食品的“零风险”进一步扩大为日本对风险的看法[①]。

第三，在日本社会的环境下，人们对提出“存在风险”犹豫不决。这与“不应该说不希望发生的事情”的言灵观（即日本传统文化中认为语言当中存在神灵的观点。——译者注）有一定的关联。

BSE问题——没有定量处理风险的典型事例

当以疯牛病著称的BSE问题发生时，日本从2001年秋天开始，在没有对BSE风险大小进行评估的前提下，对牛进行整头检查。尽管这是为了防止差评损失，但是人们都抱有深深的不安感，认为“没有经过检查的牛肉不能让人放心”。其结果导致尽管食品安全委员会在2005年5月发表了“月龄20个月以下的牛不需要进行检查”的观点[②]，在2012年10月发表了“月龄

① 安井至:《为什么现代人无法定量理解风险》，http://www.yasuienv.net/whyZerorisk.html

② 内阁府食品安全委员会事务局:《关于我国牛海绵状脑病（BSE）的现状》，2008年7月，http://www.fsc.go.jp/sonota/bse_iinchodanwa_200731.pdf 食品安全委员会:《朊病毒报告书 与重新评价牛海绵状脑病（BSE）对策相关的食品健康影响评价》，2012年10月，http://www.fsc.go.jp/sonota/bse/bse_hyoka_an.pdf

30个月以下的牛不需要进行检查”的观点，但是为了让人们放心，一直持续进行“整头检查”。

中西准子以英国的数据为基础总结了从美国进口牛肉的BSE风险[①]。表7–1是笔者以中西的数据为基础汇总的结果。从该表中可以看出，“就算没有对牛进行整头检查，只要切除危险部位，BSE风险只会在1100年造成1人死亡”。

表7–1 BSE对策与死亡风险

事例	去除危险部分	整头检查	死亡风险
事例1	没有	没有	11年1人
事例2	有	没有	1100年1人
事例3	有	有	110000年1人

出处：笔者根据中西准子：《环境风险学》，pp.173–182，日本评论社（2004）为基础制作而成。

如果政府公布此类风险评价，并且让人们知道以现在的检查技术，如果异常朊病毒不积累到一定程度则会被判断为在检查限度以下，以及光是牛的整头检查费每年就需要负担20亿日元以上的税款的话，社会会做出怎样的反应？

食品的安全

“尽量不吃危险的东西”这一观念将食品分为“危险的”与“安全的”两种，人们讨论为安全的东西贴上“安全标签”就行。

① 中西准子：《环境风险学——大海中的指南针》，pp.173–182，日本评论社（2004）。

然而，任何食品都有“用量—反应关系”，如果大量食用的话，一次性摄入大量酒精会导致死亡，连水都会发生有害的作用。也就是说，食品并没有安全的说法，需要通过摄取量的大小来判断是安全还是危险。

美国也存在同样的争议。1958 年美国《联邦食品、药品和化妆品法》的德莱尼条款禁止食品中使用有致癌作用的物质。但是随着检查技术的进步，还是检查出极微小的成分，于是人们知道任何食品中都含有致癌性物质，这样最后将会导致没有食品可以食用了。因此，1996 年的食品质量保护法废除了德莱尼条款。

1. 没有阈值的化学物质（致癌性物质）的情况①

[1] 容许（耐容）风险的思路

过去由于认为国民身边不能有致癌物质，所以农药与食品添加剂等禁止使用致癌物质。但是我们身边检测出了越来越多的化学物质，不可能全部禁止使用。因此，在制定标准值时可将致癌风险极低时的暴露量视为实际安全量（virually safe dose），对某一程度的致癌风险采取容许的态度。决定是否可以接受该致癌风险程度（acceptable risk）的不是科学问题，而是国民共识的问题，世界各国采取从 10^{-5} 到 10^{-6} 的数值。

从 BSE 整头检查与德莱尼条款的废除当中，我们可以认识到科技人员诚实地向社会解释科学事实的重要性。

① 日本风险研究学会编：《风险学事典（增补修订版）》，p.254，阪急交流（2006）。

为什么不能预想到最糟糕的事态

井泽元彦指出，日本社会将说出不希望发生的事情视为一种禁忌。以下引用其著作《为什么日本人不能预想到最糟糕的事态》。

“我在参加升学考试时，就经常听人说‘不能在考生面前说落第、没考上之类的话’。”“现实中如果在结婚典礼的致辞时提到‘断绝’‘分开’之类的话，有人会真的生气的。”“言灵简而言之就是‘人所说的话会实现’的意思。那么人们自然会觉得‘不希望发生的事情就不要提起’，于是提及不希望发生的事情就成为了一种禁忌。”此外，井泽还指出：“既然是人制作的产品，就肯定有可能会出现失败。外国在合同上明确记载全部事项是一种常识，而为什么只有日本的合同不记载这些内容呢？”①

将这些问题应用于安全的话，我们可以看出由于“不希望发生事故”，所以将“有可能发生事故”视为一种禁忌，于是造成了“就算有风险，也难以启齿”的情况。当事人如果提到“有可能发生事故”的话，就会被质问“是否引进了拥有风险的事物”，并且被认为是不负责任的表现。日本社会没有对核电站所具有的风险进行彻底探讨的原因之一正是这种“言灵论”的想法在作祟。

在核电站事故发生后，关于核电站的是非争议缺乏将其与

① 井泽元彦：《为什么日本人不能预想到最糟糕的事态——新言灵论》，pp.48–51，祥传社（2012）。

废除核电站、使用代替能源的“优点与缺点”进行比较。即使是在可再生能源迅速发展的德国，人们也在讨论“可再生能源的增加导致电费上涨应该怎么办”，并对制度进行重新审视[①]，我们需要公开使用可再生能源取代核电之际所预测的能源供给以及与成本增加相关的数据并对其进行讨论。同时还需要向社会公开如果这样做给每个人增加的负担，以及给整体经济活动造成的影响等。

制造现场的风险

制造现场存在着大量风险，因此需要时刻判断怎样才能降低风险。野中郁次郎在著作《失败的本质》当中指出，我们需要“直视真正的现实的能力”，经营高层、管理人员需要亲自来到现场，对现在正在发生的事情进行正确的判断。

尽管人们举着“零风险”的旗帜，但是可投入的资金与人力都有其限度。此外，风险降低措施在技术方面也有困难的地方。如果认识到这一现实，进行风险评估、评价各种现象的风险大小、为整体风险排序并依次实施风险降低措施就是理所当然的事情了。

---

① 山本隆三:《不能依赖再生能源的原因》,WEDGE2011年9月号,2011年8月26日,http://wedge.ismedia.jp/articles/-/1468?page=1

（2）制造现场所面临的问题

2009 年，Madison 博士在与美国、英国共同举办的国际专题讨论会上提到，“日本的制造现场是优秀的。需要有效利用这一点来进行安全管理”。如其所言，过去是由制造现场每个人的努力支撑着日本制造现场的安全。然而从最近的事故来看，不少事故源于现场处理能力的降低。今后的安全管理需要考虑到以优秀的制造现场为前提的局限性。

从最近发生的事故所看到的背景因素可整理为表 7–2（参照第 1 章）。

表 7–2　最近发生事故的背景因素

项目	内容
1. 全体管理	· 经营高层的领导力 将安全活动交给现场，不自己带头行动 风险评估实施得不够充分(实施责任在经营高层) · 各层之间对“安全第一”的认识差异 · 包括相关承包商(合作公司)在内的管理/沟通不当
2. 现场的管理人员	· 各职位人员承担的责任/业务范围不够明确 · 管理层的业务处理量增加 · 管理层、干部与作业人员之间的沟通不够充分 · 管理人员换班时交待事项不周全
3. 彻底遵守规定	· 轻视规则、规定、省略行为、捷径行为 (如果彻底遵守规定的话，就不会发生事故) · 规定不适用于现实(现场与实际情况的差异)
4. 缺乏风险评价与防范事故于未然	· 风险评估不周 尤其是非常时期、紧急事态、连锁 · 危险预知的形式化
5. 变更管理不周全	· 变更、增加的计划不够充分 · 没有(使现场课长做出判断的)变更管理对象的判定标准
6. 人才培养与技能传承	· 对危险的感受性降低 (培养安全感高的人才/自主思考的人才不足) · 对设计思想以及操作方法的技术依据理解不足 · 管理层、员工对非常时期、紧急事态理解不足

经营高层

经营高层需要亲自带头发挥领导力。

为了履行经营高层应尽的“考虑安全的义务”，遵守法令是最低限度的行为，经营高层需要适当地、充分地实施风险评估。通过实施风险评估，定量地表现出该企业对安全的认识，即说明事先采取了哪些方面的措施、实施了哪些对策。换言之，这是向公司内外履行解释与安全相关事项的责任。

管理层以上的高层与操作人员对“安全第一”的认识有所差异。这里的问题是经营高层是否从平时起就将“安全第一”作为经营的判断标准。杜邦认为，“无论拥有怎样的系统，无论系统拥有多优秀的功能，如果经营干部、流水线管理人员无法发挥‘让人感受得到的领导力（Felt Leadership）’的话，就无法达到卓越的安全管理效果”。“‘让人感受得到的领导力’是经营干部的解释责任之一，也是其必需的因素。”[①]

管理层

管理层处于经营者与操作人员之间，需要处理大量业务并做出决断。从最近的实际情况来看，管理层需要处理的业务超过了其能力范围。流水线组长拥有完成业务的责任，同时还需

① DuPont Safety Resources 2006年NLQ2-2《向更安全的世界发展》，http://www2.dupont.com/DuPont_Home/ja_JP/assets/ProductsandSevices/safetynews_07.pdf

要与下属进行沟通，但是这些工作的时间得不到保证。因此我们需要重新审视管理层的业务范围与工作量，同时还需要明确管理层的责任与权限。

关于管理层的课题，三菱化学将其背景因素整理如下所示[①]。这里总结的问题是许多企业的管理层都需要面对的安全管理问题。

组织因素的提取与总结

A. 在20世纪90年代后半期发生事故、问题的背景下引进了标准化方针的安全管理方式，但现场对其不够理解。

B. 标准化倾向的安全管理方式导致规定不断增加、复杂化。

C.20世纪90年代中期以后车间在短期内积累了大量业务，导致业务流通过剩，GM身兼操作人员与管理人员的职责。

D. 无法合理分配不均匀的业务量、缺乏调整功能。

E. 在其文化氛围、环境下难以对新的尝试或规定说不，耽误了改善规定与人力资源的合理分配。

F. 管理层的责任过于集中、负担过重导致反馈不足，使得组织大部分人都处于等待指示的状态。

G. 组织间的认识差距、几代人之间的代沟增加。

彻底遵守规定

许多事故只要彻底遵守规定就不会发生了。不遵守规定的

① 三菱化学:《三菱化学鹿岛事业所 第2乙烯工厂火灾事故 防止再次发生的对策研究情况报告书》，2009年4月，http://www.m-kagaku.co.jp/aboutmcc/RC/pdf/regard/kashima_j03.pdf

背景之一很多时候是当事人认为“没问题”而采取了行动。

在责备当事人为什么要采取该行动之前，需要考虑其他人如果在其立场的话是否也会做出同样的判断，选择同样的行动。也就是说，需要从设备、组织及制度等方面的背景因素明确为什么当事人没有遵守规定。

比如说，有一个事例是解除了被喻为安全最后屏障的连锁，从而导致事故的发生。在责备解除连锁的当事人之前，需要对员工可以轻松解除的设备与系统进行反省。

风险评价的欠缺与变更管理不周全

就算拥有风险评估与变更管理的规定，也还存在着“蒙混过关”的问题。很多时候是由流水线管理人员来判断提议事项的优劣与变更事项的重要性，此时需要选择标准将其确定为判断标准。但是，这种选择标准很少会事先准备好。选择标准根据行业与规模等有所不同，我们需要不断地在失败的试验中摸索成功的经验，建立适合各大企业、单位的标准。

另一方面，最近的事故多发生于紧急事态或是实施非常操作的时候。在这些情况下需要马上进行处理，因此只能依靠领导当场的决策。

领导需要掌握所负责的工厂设施与设备的内容，并且就过去的变更经历以及课题与前任领导进行沟通。

最近的事故起因于事先没有进行确切的危险预知。我们需要严格执行危险预知，为非常时期的作业及紧急事态做好准备。

危险预知的重点

1.“现场总是充满了危险。”

（今天的安全并不能保证明天的安全）

2.明确“绝对应该做的事情”与“绝对不应该做的事情”。

3.最重要的概念：“安全地停止设备”，“使其处于安全的停止状态”。

人才培养

人才培养的课题当中有“培养对风险的感受性”与“自主思考”两大问题。

培养人才自然是必要的，但培养需要花费相应的时间。其间技术、设备等周围的作业环境也会发生变化。

安全管理的前提是对“人会犯错”的认识。我们需要在该前提下调整技术、设备，在培养人才的同时采取安全对策。

（3）法律规定的动向

最近与安全相关的法律修改与指针多是与风险评估及设备的本质安全化相关。日本的法律规定是面向符合全球化标准的“风险基础的安全管理”。以下列举其重点：

①实施风险评估，发现岗位中潜藏的风险，努力将事故、灾害因素防患于未然（劳动安全卫生管理系统、劳动安全卫生

法、机械综合性安全指针）。

②风险降低对策需要在风险评价的基础上决定优先次序，并通过“三大步骤方法”（本质的安全设计→安全防护→使用上的注意）进行实施（风险评估指针、机械综合性安全指针）。

③明确招标企业在确保相关承包商的安全方面的责任，要求招标企业确立包括相关承包商在内的“综合安全管理体制”（制造业招标方指针）。

表7-3 最近的法令与指针

发布、实施日期	法令、指针	重点
1999年4月	劳动安全卫生管理系统的相关指针	①确定危险有害因素与实施事项 (引进风险管理与风险评估) ②优先投入本质安全化
2006年3月	风险评估的相关指针	①风险评估的实施内容、实施体制、实施时期等 ②风险预估、以及在此基础上设定优先度的方法
2006年4月	劳动安全卫生法修改版	①危险性·有害性的调查以及实施必要的措施 (风险评估的努力义务化) ②制造业的招标企业实施作业间的联络与协调
2006年8月	制造业中招标企业的综合安全卫生管理指针	①制造业的招标企业对包括相关承包商在内的整个单位进行安全卫生管理 ②招标企业实施作业间的联络与协调的义务
2007年7月	修改机械综合性安全标准的相关指针	①制造机械的人员与让劳动者使用机械的人员有实施风险评估的义务 ②明确告知基于风险评估实施保护措施的顺序本质安全设计→安全防护→使用上的注意 ③将机械制造者的风险评估结果反映在机械使用者的风险评估当中

如第 3 章所述，风险评估中的降低目标不是“零风险”，而采用了欧美“ALARP 原则”的思路。最近日本的法令、指针可总结为表 7–3。

法律规定动向的重点

法律规定的动向不是“零风险”，而是“风险基础的安全管理”。该思路符合国际标准。

（4）日本的安全管理方向

过去依存于人的体制已经无法完全应对当前日本的安全管理了。

我们需要在国内工厂中继续进行教育，将操作人员的技术水平提高到以前人们操作设备的技术水平，但是由于录用派遣员工等雇用的多样化发展，我们需要确立包括非正式员工在内的安全管理体制。

此外，今后日本企业将会逐渐发展全球化业务。考虑到包括海外工厂设施在内的情况，我们不能只以日本人为对象，而必须考虑适用于世界各国的安全管理，即“风险基础的安全管理”。

笔者曾经经历过技术出口因为“质量很好，但是设备不易维修”而失败。既然需要开展全球化业务，就不能以日本人作为前提，而需要用“物质条件”来弥补“人为条件”的安全管理。

向美国出口技术的失败——质量很好，但是设备不易维修

笔者曾经有过一段失败的经历，在 1992 年没能成功地向美国大型厂商出口反应设备的技术。对方向我解释了不采用的原因是“我们承认使用该反应器制造的产品质量十分优秀，但是日本能维修该设备，而美国人做不到。如果你们让美国人也能维修它的话我们就会购买”。

想要发展全球化业务，需要适用于全球化人才的安全管理体制。安全不能仅仅依靠“人为条件”，而是需要同时具备“人为条件”与“物质条件”。

7.3 日本与欧美的比较

（1）对安全的认识

向殿政男将日本与欧美对安全的认识差异整理为表 7–4。该表鲜明地反映了两者之间的认识差异。

日本与欧美的认识差异可总结为三点：

第一，是对安全目标的认识差异。该差异产生于风险认识的差异，日本认为只要努力就可以防止事故发生，而欧美认为“不可能做到零风险”。不能使风险化为零意味着需要设定可以接受的风险程度，从重大事故开始实施对策。

第二，是对事故原因的认识差异。日本很多时候认为问题在于人为错误，通过教育人、强化规章制度就可以确保安全。

而欧美认为技术是事故的原因，如果不提高技术力的话就不能防止事故发生。人为错误是结果，如果不纠正其背后的背景因素，就无法防止事故发生。

表 7–4　日本与欧美对安全的认识差异

日本的认识	欧美的认识
· 只要努力，就能防止灾害再次发生	· 无论多么努力，也必然会根据技术水平发生灾害
· 灾害的主要原因是人 · 人为对策优先于技术对策	· 防止灾害是技术性问题 · 技术对策优先于人为对策
· 只要制定管理体制、教育训练人才、强化规章制度，就能确保安全	· 因为人肯定会犯错，所以只有提高技术力才能确保安全
· 安全卫生法以人与设备的安全化为目标，每次发生灾害时都会强化规章制度	· 在设备安全化的同时，采取技术性对策使得即使发生事故也不会导致重大灾害 · 努力降低灾害的严重程度
· 安全基本上是免费的	· 安全基本上是需要花费成本的
· 为安全投入成本难以得到承认 · 花费最低限度的成本处理可视的“具体的危险”，对应该不会发生的灾害不深入进行技术性研究并采取对策	· 安全需要花费成本 · 筛选出危险源，评价其风险，根据评价投入成本，努力降低可能发生的灾害，诞生了各种各样的技术、道具
· 消除已发现的危险的技术(危险检测型技术)	· 逻辑上证明安全的证据(安全确认型技术)
· 重视度数率(发生件数)	· 重视强度率(重大灾害)

出处：向殿政男：《国际化时代的机械系统安全技术》，pp.78–79，日刊工业新闻社（2000）。

第三，是对安全对策费用的认识差异。日本认为安全对策费用是附加在制造成本之上的费用，而欧美认为安全对策费用包括在制造成本当中。也就是说，欧美认为安全对策费用是必要的投资。

我们需要认识到这一差异，在此基础上思考今后日本的安全管理。

（2）ALARP 原则

欧美的认识基础是 ALARP 原则。以下再次强调 ALARP 的重点：

①在“可以接受的风险”与“不能容许的风险”之间有“ALARP 的范围（忍受的范围）”。

②在可行的范围内尽量降低风险是合理的，但如果实施风险降低措施所带来的风险降低效果与所需费用相比，所需费用明显不合理的话则对风险采取容许的态度。

1999 年英国制定了 COMAH（Control of Major Hazard Regulation），其中规定“Risk should be reduced 'As Low as reasonably practicable' = ALARP”。

COMAH 要求企业防止重大事故发生。企业有义务向安全卫生部（Health and Safety Executive：HSE）提交 SAFETY REPORT（《安全报告书》），其中记载预测的重大事故原委与应该采取的风险降低对策。ALARP 的原则是要求企业履行“在合理、可行的范围内确保安全的义务”与“在最低合理可行的限度内降低风险的义务”。

英国健康与安全执行局（Health and Safety Executive：HSE）

英国的《劳动安全卫生法》（*Health and Safety at Work etc:Act*）是1974年接受罗本斯报告书（Robens Report）的建议后制定的法律。

（罗本斯报告书的建议重点）

1. 通过法律与监督对提高安全卫生提出疑问。

法律过多，对达到原来的目的反而起到反作用。

2. 劳动安全卫生行政过于细分化造成的问题。

（当时英国有 5 个相关部门、7 个监督组织）

3. 从以法律监督为中心转变为自主性处理以及行政机关的统一建议。

健康与安全执行局（HSE）的使命是行政一元化。HSE 由大约 4000 名从事安全卫生行政的员工构成，其范围包括工厂、建设现场、矿山、农场等。（商店、酒店由地方自治体负责）

安全卫生法只规定了基本事项，具体事项则由规则（Regulations）与实施准则（Code of Practice）决定。

安全卫生法的条文中出现了“合理的可实施范围，as far as reasonably practicable”的表达，其意思是将时间的、经济的费用与危险对象加入社会一般想法进行比较考虑，日本安全卫生法中没有这一概念。

（笔者根据国际安全卫生中心《英国 1974 年劳动安全卫生法　》、http://www.jniosh.go.jp/jicosh-old/japanese/country/uk/law/HealthandSafetyyatWorkAct1974/index.html 为基础归纳）

这里的问题是判断降低风险所需要的费用非常不合理的标准。HSE 的指导方针如下述公式所示，如果不平衡因子（FD：Disproportion Factor）在 10 以下的话，就应该采取风险降低措施。

如果 FD 在 10 以下企业没有实施风险降低措施的话，则需要解释不实施风险降低措施的理由。

[抑制所需要的费用]=[不平衡因子（FD）] × [降低带来的利润]

（3）人还是技术

日本与欧美对事故原因的看法有所差异，前者认为是人为原因，而后者认为是技术原因。这种差异有两大理由：

第一，是经历技术开发的时间长短不同。

新技术投入产业化的过程中必然会由于技术开发不周全而发生问题。欧美几乎所有技术都是其亲自开发并且投入产业化的，因此一直以来都是通过技术力来解决问题。而日本是通过向欧美引进技术取得发展。日本引进的技术在开发过程中的问题已经在欧美解决了，所以只需要牢牢遵守规定就能确保安全。

第二，是现场操作人员的不同。欧美认为现场的操作人员只要牢牢遵守优秀的技术人员所决定的标准或条件就可以确保质量。操作人员只要按照确定的标准进行操作，就算出现不合格品也不会被追究责任。不合格品的责任由决定制造条件的技术人员承担。

日本是通过现场的操作人员根据生产情况调整操作条件来确保质量。因此操作人员调整条件是自然而然的事情，如果出现不合格产品的话，责任则是在没有调整好条件的操作人员身上。日本认为现场的操作人员具备调整条件的能力，就算技术有不够成熟的地方，通过现场的严格管理也能防止问题的产生。

这一差异与发生事故或问题之际对原因的认识差异有着紧密的关联。但是，最近变更管理不当占事故原因的三分之二，从中可以看出依赖现场的判断力已经达到极限了。

图 7–1 是故障率的浴盆曲线，可以看出故障率在初期故障得到控制后基本处于稳定水平，经历磨耗损坏后再次增加。圆川隆夫指出，如果产品寿命降低的话，不良率下降前制作的产品需要变更，管理的重点由“制造的质量”向“设计的质量”转变[①]。今后需要像图 7–1 中的点线一样，进一步降低初期故障，并且提高设计的质量。

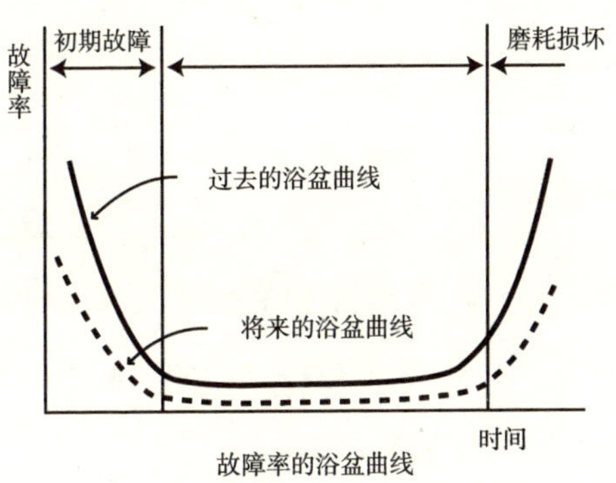

图 7–1　过去的浴盆曲线与将来的浴盆曲线

① 日本规格协会监修圆川隆夫著:《我国的文化与质量拘泥于精致——回避不确定性文化的功罪》，pp.21–22，日本规格协会（2009）。

今后日本的安全管理需要重新评价现场与设计方的职责分担、人与机械的职责分担，从设计阶段开始降低风险。

日本与欧美的制造业[①]

第二次世界大战后，我国的质量管理始于向美国学习 SQC（Statistical Quality Control），其成功的原因恐怕是源自“将质量融入工序当中”的口号吧。欧美流的质量管理更加偏向于检查。通过检查保证生产的产品质量，不将不合格产品流入市场。如果将质量管理融入工序当中、提高制造的质量、将不合格产品控制为零的话，就不需要进行检查了。因此日本以“零不良产品”为目标进行组织改良，如果提高了产品质量的话还能使得成本降低。

产品寿命会随着时代的进步而缩短，在不合格率下降前制作的产品需要变更，光是依靠改善制造的质量已经逐渐变得跟不上节奏了。此外，如果设计原本就很难制造的话，制造阶段的改善是有一定限度的。因此质量管理的重点从制造的质量向设计的质量转变。

（4）防止重大事故

欧美认为“处理所有风险对企业来说会承担太多无益的负担，其结果对消费者也没有好处”。因此比起事故发生次数，欧美更加注重防止重大事故的发生。

下面以法国的核电站为例来考察欧美对防止重大事故的认识。在平均每座核电站的计划外停止次数方面，日本是 0.3~0.4

① 日本规格协会监修圆川隆夫著:《我国的文化与质量拘泥于精致——回避不确定性文化的功罪》，pp.21–22，日本规格协会（2009）。

次 / 座・年，而法国是 2.8 次 / 座・年，比日本要高。但是法国的电力供给依赖核电的比例高达约 80%。此外，福岛核电站事故发生后日本的核电站依然在运转。

我们可以参考记者山口昌子的著作《核电站大国法国的警告》一书来思考其原因。法国多次发生小事故，但是从来没有发生过大事故。这是因为法国认为“不可能达到零事故”，于是以会发生事故为前提实施防止重大事故与防止受灾扩大的对策，并且向国民进行了解释。

其中一例是法国以核电站附近的医疗设施为中心，常备了 600 万个预防对甲状腺造成辐射伤害的药碘。而日本则认为“分发药碘就暗示着事故发生，是一种荒谬的行为”，因此在表面上没有采取任何措施。

7.4 风险基础的安全管理

（1）风险基础安全管理的思路

野口和彦在著作《风险管理》[①] 当中，在反映最新的风险管理计划的 ISO 31000（Risk Management-principle and guideline）的基础上解说了风险管理的要点。以下是笔者整理的风险管理要点：

① 日本品质管理学会监修野口和彦：《风险管理——支援目标实现的管理技术》，日本规格协会（2009）。

风险管理的要点

1. 风险管理的本质在于事先讨论。通过掌握风险变化的预兆、有效地处理风险，可以实施更加有效的管理。

①风险管理是应该由经营者负责实施的经营管理业务。

②管理对象并不是已经发生的事故或是不幸事件，而是今后有可能造成影响的“风险”。

③风险对象包括两大方面，一是有可能给组织本身或员工带来的风险，一是可能给消费者或社会带来的风险。

2. 有效地实施风险评估需要进行合理的分析。

我们有时候难以对风险进行统计性的考察，或是难以客观地讨论风险是否容易发生等风险性因素。不过，分析可以在经验的基础上，用尽可能令人信服的方法进行讨论。

3. 风险管理必须明确为什么做出该决策。

我们需要明确已决定的意见与构成其前提的信息之间的关系。

4. 与风险一样，风险的评价标准也会随着社会状况的变化而变化。

风险的重大性由组织目标、组织所处的内部及外部环境所决定，而风险评价的标准是指评价风险重大性的各项条件。

5. 风险管理可以通过持续进行改善，逐渐接近理想情况。

风险基础的安全管理是沿着该风险管理的思路实施安全管理的方法。笔者将风险基础的安全管理的思路整理如表 7–5 所示。

表 7–5　风险基础的安全管理的思路

项目	内容
1. 安全目标	· 将目标设定为现实中可行的目标，即 “可接受的风险程度”，而不是作为理念目标的 “零事故” · 防止重大事故 · 基于 ALARP 原则，在合理可行的范围内降低风险 · 不发生对周围造成巨大且严重影响的事故
2. 风险降低的次序	· 在 “风险评估” 的基础上评价风险大小，设定优先度，并基于优先度投入经营资源
3. 风险降低对策的优先顺序	· 从设计阶段开始努力降低风险 · 按照以下顺序实施降低对策(三大步骤方法) ①本质安全化 ②安全防护 ③使用上的注意 · 首先从技术、设备方面实施安全对策，对实施安全对策后依然残留的风险(残留风险)与相关人员共享信息 · 贯彻实施制造现场的危险预知(KY)(处理残留风险)
4. 相关法律	· ISO 31000(Risk management–principles and guidelines) · 风险评估指针① · 机械综合性安全标准指针②

如图 7–2 所示，我们可以在风险评价的基础上将风险划分为四个范围。风险管理是指实施风险评估、决定降低风险的优先度并实施对策。在这四个不同的范围当中，风险降低对策的思路也不同。一般来说范围 B 的优先顺序比范围 C 要高。范围 D 是组织可以容许其风险的范围。

---

① 厚生劳动省劳动基准局安全卫生部:《风险评估指针》，2006 年 3 月 10 日，http://www.mhlw.go.jp/houdou/2006/03/h0310–la.html

② 厚生劳动省劳动基准局:《机械综合性安全标准指针》的修正，2007 年 7 月 31 日，http://www.jaish.gr.jp/anzen/hor/hombun/horl–48/hor–48–36–1–0.html

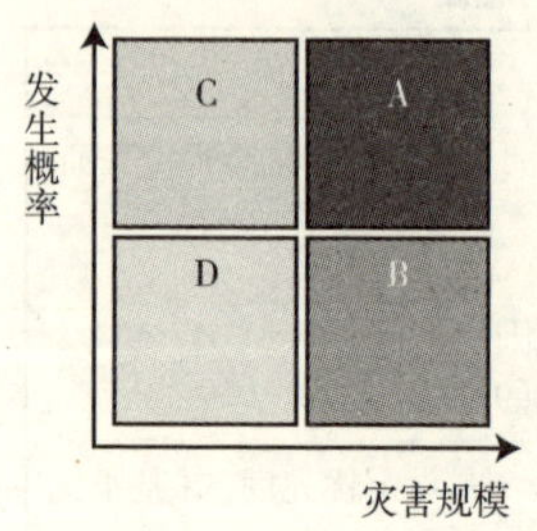

范围	范围内容
A	如果发生的话会造成严重灾害、发生概率也高的风险。应该作为最优先事项实施降低对策的范围
B	发生概率相对要低，但如果发生的话会造成严重灾害的范围。发生概率在一定值以下时，可以采取维持、转移的对策，但是在多数情况下组织决定对策的优先次序比C要高
C	发生概率高，但受灾影响小的范围。这也是日常工作当中经历得最多的范围。当该范围的受灾程度在一定值以下时，可以维持现状
D	组织可以容许其风险的范围

图7–2　风险管理的四个范围

出处：野口和彦：《风险管理——支援目标实现的管理技术》，pp.115–116，日本规格协会（2009）。

图 7–3 反映了风险降低对策的概要。

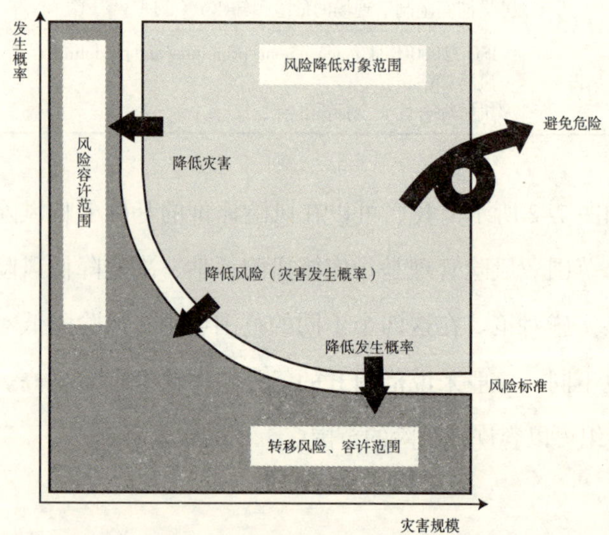

图7–3　风险现状与对策的关系

出处：野口和彦：《风险管理——支援目标实现的管理技术》，p.118，日本规格协会（2009）。

表 7–6 所记载的风险处理对策是笔者将野口和彦的著作《风险管理》中记载的处理对策应用于风险基础的安全管理时的想法。

表 7–6　风险的四大对策

分类	思路	对策(风险基础的安全管理)
降低	· 降低对象风险发生概率 · 降低发生时的影响大小	· 在风险评估指针的基础上评价风险，决定优先度并实施风险降低对策 · 从设计阶段开始努力降低风险 ①本质安全化 ②安全防护 ③提供使用上的信息
转移	· 转移对象风险	· 转移风险时还有伤害保险对策等
维持	· 容许对象风险，维持该状态	· 接受、监视风险 包括虽然无法容许，但由于没有合理的对策而维持风险的情况
避免	· 消除对象风险本身	· 实施根本性对策，如撤除业务、重新讨论设备、变更处理物质等

关于风险容许并没有绝对的指针，可以接受与不能接受的界限是由相关人员商量后决定的。

下面介绍风险指针的事例。图 7–4 是英国健康与安全执行局（Health and Safety Executive：HSE）的麦迪逊博士介绍的矩阵表格事例。像这样将重要的事项列举于同一图表当中，就能明确安全上最应该优先的事项。出现 100 名死者以上的范围根据其发生概率的不同有可能被划分为“可以容许”的范围，但是考虑到绝对不能发生致命性的事故，也可以将所有的发生概率都视为“不可以容许”的范围。

结果的可能性(每年)	死亡者数(1人)	死亡者数(2~10人)	死亡者数(11~50人)	死亡者数(50~100人)	死亡者数(超过100人)
有可能 $>10^{-2}$	不能容许	不能容许	不能容许	不能容许	不能容许
可能性低 ($10^{-2}\sim10^{-4}$)	不能容许 ($>10^{-3}$时)	不能容许 ($>10^{-3}$时)	不能容许	不能容许	不能容许
可能性极低 ($10^{-4}\sim10^{-6}$)	可以容许	可以容许	可以容许	可以容许	不能容许
几乎没有可能 ($10^{-6}\sim10^{-8}$)	可以接受	可以接受	可以容许	可以容许	可以容许

图7–4　矩阵表格事例

出处：T.E. 麦迪逊：《关于化学工业中重大事故的控制——利用欧洲法以及适当的风险评价方法》，第2次国际研讨会资料，p.7，劳动安全卫生综合研究所、劳动安全卫生对策普及中心（2009），http://ioshic.web.fc2.com/seminar/pdf/20091210_2nd_seminar/Maddison_seminar_abstract_j.pdf

荷兰产业活动风险的管理目标是以急性死亡者人数与超过的概率为中心，划分为：①可容许的范围；②需要降低风险的范围；③不能容许的范围。与日本的不同在于其将“死亡者人数”作为“危险的严重程度”的指标来制定管理范围。

比如说，1名死亡者的容许范围需要在每年10^{-5}以下，10名的容许范围需要在每年10^{-9}以下。这与图7–4一样，反映了荷兰产业活动的风险管理是以防止重大灾害为基础。

（2）劳动安全的基本思路

向殿政男将劳动安全管理的三个阶段总结为图 7–5。

· 第一阶段是依赖人确保安全。

· 第二阶段是通过组织与管理体制确保安全。

· 第三阶段是以机械、设备为中心确保安全。

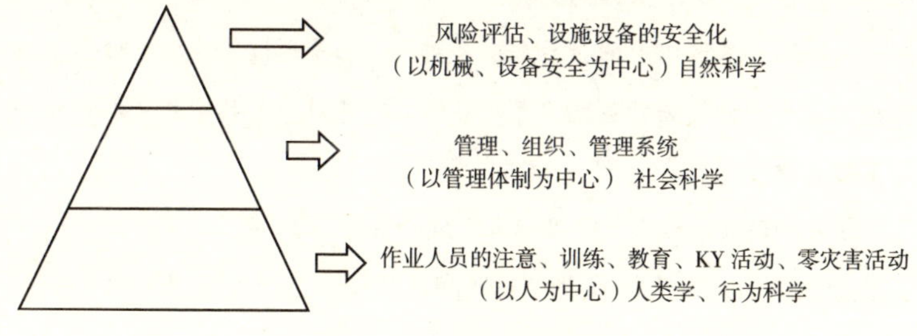

图 7–5　劳动安全的思路

出处：向殿政男：《风险基础方法的思路》，http://www11.ocn.ne.jp/~srkkyo/mukaidono120209.pdf

第三阶段是以风险评估以及设施设备的安全化为中心。制造业中的安全全球化标准优先于设备、装置的安全化，而不过度依赖于人的注意力。基于这一思路来制定降低风险方法的优先次序。

①通过本质安全设计降低风险。

②通过安全防护对策（安全装置等）降低风险。

③通过提供使用信息降低风险。

根据这一思路制定了“风险评估指针”、与机械类的安全性相关的国际标准等，在此基础上为了进一步减少机械造成的劳动灾害，制定了“机械综合性安全标准指针”。

机械综合性安全标准指针的重点

现在不再采取以前的事后型安全对策，而是通过实施风险评估，从机械的设计阶段开始预测发生劳动灾害的可能性，并且实施必要的安全对策防止该可能性。

①以预防风险于未然为目标采用风险基础方法。

②综合地致力于机械设计制造阶段的安全化与其使用阶段的安全化。

·在机械的设计、制造阶段实施风险评估、在其基础上实施机械的本质安全化、安全防护以及附加保护措施。对之后依然残留的风险（残留风险）向使用者提供使用上的信息。

·在机械的使用阶段实施风险评估，采取本质安全化与附加保护措施，调整作业顺序，进行安全教育。

（3）如何思考异常的危险？

福岛核电站事故发生后，加藤尚武在著作《灾害论》中提出了“用概率论来处理安全问题时，不能排除异常的危险”的问题。以下从该书的“前言”中引用其重点[①]。

① 加藤尚武：《灾害论——对安全性工学的疑问》，iii，世界思想社（2011）。

> 这是因为即使概率低，但是损失过大的话，就不能将期待利益视为利益了。而在概率论中使用“低概率的大损失 = 高概率的小损失”的等式来表示“期待值”。这与人实际的生活态度并不一致。（中略）如果反复出现过度的损失，人类的生活将无法维持（中略）无法同意“将异常的危险降低为实际中的零风险”的条件。

这段话的意思是在过去的风险定义（风险 = 危害大小 × 发生概率）当中，无法排除重大的、不可逆的危害。像是福岛核电站事故之类的重大灾害就算发生概率很低，也必须将其彻底排除。这对从事科学技术者来说是十分重要而艰难的课题。

如果设想到最糟糕的事态，安全的成本将会达到无限大。而且如果在设计阶段就设想最糟糕的事态就不可能进行设计了。因此，过去都是设定了可以接受的程度之后再进行技术开发。

预测技术开发的结果会给社会带来怎样的影响是十分困难的。任何科学技术最初都开始于危险大的阶段，然后通过大量人力一步步克服课题直到今日。

比如说，1814 年斯蒂芬森发明了最早的蒸汽火车。之后过了 200 年时间才达到今天新干线的技术。莱特兄弟在 1903 年成功地通过飞机首次实现了载人动力飞行。之后过了 100 年时间，迎来了可以实现宇宙旅行的时代。

科学技术只有得到社会的宽容才能存在。加藤尚武指出，我们需要一直惦记“预想到最糟糕的事态时，不能容许的风险是什么”，思考风险基础的安全管理。

与“异常的危险”相关的标准之一是美国职业安全与健康管理局（Occupational Safety and Health Administration：OSHA）的《紧急事态行动水平》（第 3 章已记载，再次列为表 7–7）与英国健康与安全执行局（Health and Safety Executive：HSE）的《比较社会风险的 FN 直线》（*Sample Societal Risk Comparison FN Lines*）。

表 7–7　OSHA 的《紧急事态行动水平》

EAL	危机大小与影响范围
程度 1 警戒程度(Alert)	得到控制的火灾、爆炸等灾害，通过公司内部的组织可以防止灾害的程度
程度 2 公司内部紧急事态 (Site emergency)	可能会对公司附近地区带来影响的火灾、爆炸、有害物质的泄漏等紧急的灾害，但还不至于影响到地区社会的程度。 需要地区社会的消防、警察、医疗机构等进行支援的危机程度
程度 3 紧急事态 (General emergency)	发生最大的危机性事态，灾害会影响到地区社会的危机程度

出处：松本俊次：《以风险为基础的机械安全现状与今后的课题》、劳动安全卫生研究，Vol.3，No.1，p.41（2010），http://www.jniosh.go.jp/publication/JOSH/pdf/vol3no1/Vol03No1–03a.pdf

OSHA 以灾害影响的范围是否超过自己公司的占地范围、是否对所处地区社会造成影响作为标准进行判断。

HSE 不能接受在同一事态当中引起 50 人以上死亡的事故数量达到 5000 年 2 次的比例以上，其处理社会风险（case societal risk）的依据是图 7–6 所示的标准。

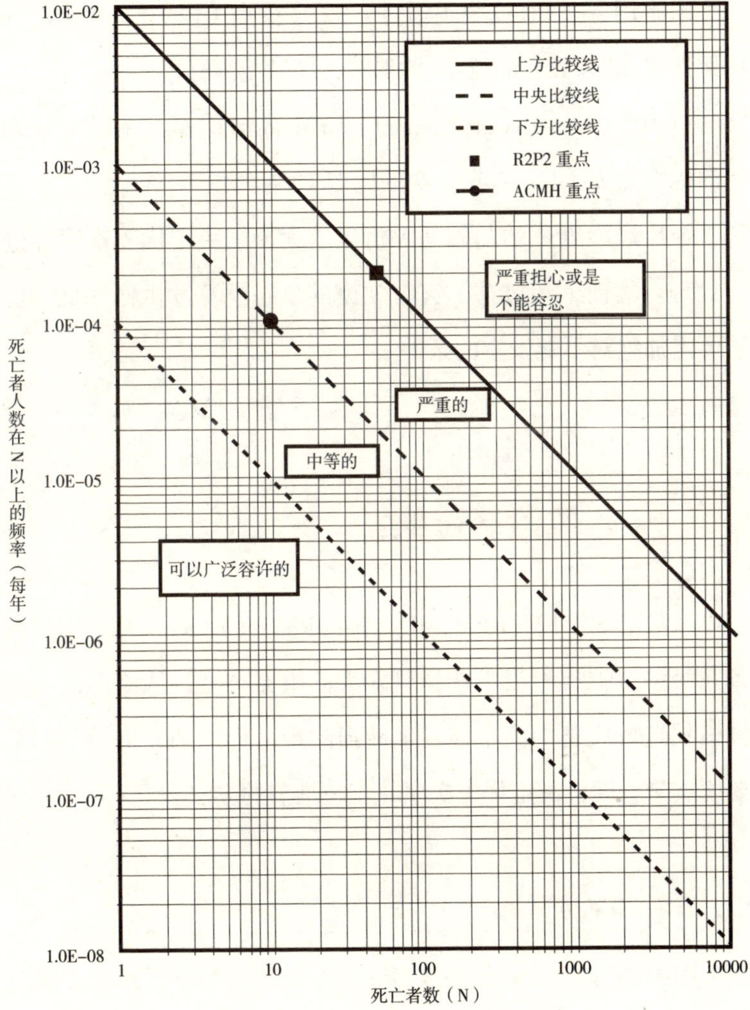

图 7–6　比较社会风险的 FN 直线

出处：笔者根据 T E Maddison:"The Control of Major Accidents in the Chemical Industry –European Legislation and the Use of Appropriate Risk Assessment Techniques"、http://ioshic.web.fc2.com/seminar/pdf/20091210_2nd_seminar/Maddison_seminar_abstract.pdf 进行一部分翻译。

图中用 -1 的直线表示通过“R2P2 重点（以 5000 年 1 次的比例造成 50 人死亡的点）”的斜线，即其上限标准。

ACMH（the Advisory Committe on Major Hazards）在决定计划时的标准点为（10000 年 1 次的比例 10 人死亡）。

今后风险管理的基础是评价风险大小、决定优先次序并进行处理。然而，超过某一灾害规模的事态就算发生概率低，也需要附加绝对不能发生的条件。

7.5 风险基础维护

风险基础维护（RBM：Risk based Maintenance）是在构成设备系统的机器类型当中选择风险大的机器类型，从该部位的机械破损造成灾害的大小与发生破损的难易程度来评价维护的重要度、紧急度，决定优先次序并实施维护的方法。

（1）追求 RBM 的背景

RBM 的最终目标是将故障降低至零，其基本思路是“通过降低故障最小化损失”。

追求 RBM 的背景如下所示：

①设备加速老化，为了延长其使用寿命，今后需要大幅度

增加维修费用，这会带来极大的负担。

②不得不控制新投资，为了使现有设备达到最大程度的效率，需要保持维护的效率化。

③由于管制放宽，各种工厂设施的定期检查由法律规定向自主检查过渡，因此需要适合各种工厂设施的自主性标准。

④从事维护工作的技术人员向高龄化发展，需要构建取代熟练技术人员的维护计划制作标准以及系统。将熟练技术人员的心得体会化作形式上的知识，并作为该企业的共同财产。

维护工厂设施的最终决策以前依赖熟练技术人员的判断，但其有两大课题：

①如果是熟练技术人员，许多时候能够进行正确的判断，但是这也是因人而异的，所以需要将其汇总为统一的标准。

②随着熟练技术人员向高龄化发展而退休，他们的知识与技术没有被下一代继承。

（2）RBM 的重点

RBM 有两大重点：

一是评价各种机器的设备维护优先度，根据优先度来实施风险降低对策。如图 7–7 所示，高风险部位需要将风险降低至可以容许的风险范围。低风险部位则需要削减检查费用等，拨充给高风险部位的风险降低费用。

第二是利用过去的运行历史、设备故障历史、检查记录等积累的数据，以及材料所具有的与损伤及腐蚀相关的基本特点与寿命评价理论等，为维护和检查计划制订合理的计划。

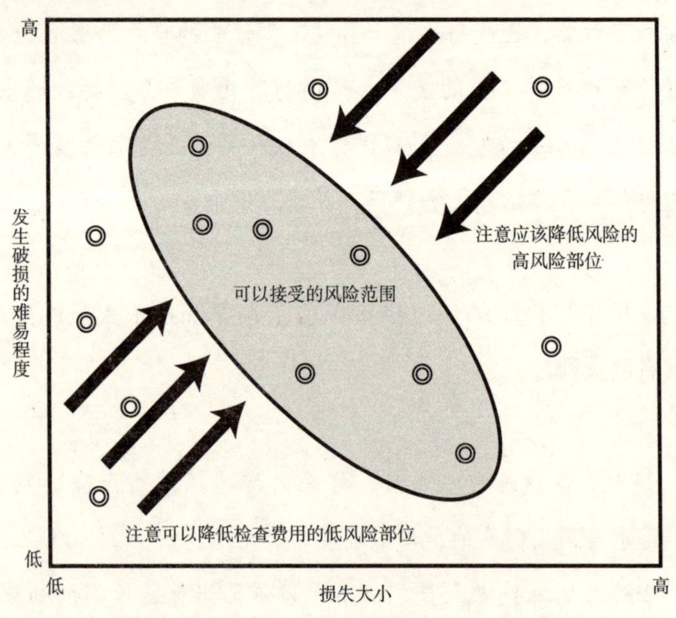

图7–7　RBM中高风险、低风险部位的处理方法

出处：木原重光、富士彰夫：《根据风险评价的维护——RBI/RBM 入门》，p.59，日本工厂设施维护协会（2002）。

如图 7–8 所示，推进 RBM 需要在发现、处理、接受风险的各个阶段进行客观评价。这些评价以前是依赖熟练技术人员的判断，而 RBM 则需要利用汇总了熟练技术人员的知识与经验的标准进行判断。

在这一标准的基础上决定的事项是属于该公司的财产，可以传承给下一代。

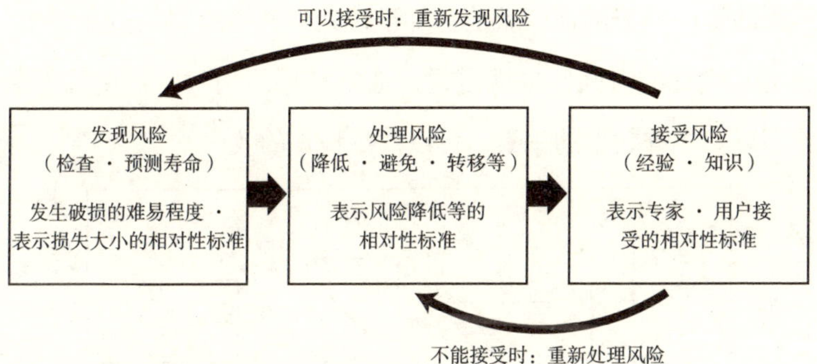

图 7–8　RBI/RBM 中接受风险的顺序

出处：木原重光、富士彰夫：《根据风险评价的维护——RBI/RBM 入门》，p.34，日本工厂设施维护协会（2002）。

（3）RBI 的思路

RBI（Risk Based Inspection）是用风险基础的思路实施的检查方法。RBI 的思路是以该材料本身的结构性质、以前的检查实际成绩为基础，进一步简略安全部分的检查，将其费用拨充给重点检查危险部分，保持整体的低风险。

只要知道结构材料的材质、使用环境、负荷条件、温度，就能通过过去积累的数据预测结构材料会何时、如何出现损伤。比如说，图 7–9 是广泛使用于锅炉导热管的 Cr–Mo 钢的蠕变损伤的进展模式图。在高温、一定负荷下随着时间而变形，最终断裂。在这一过程中，发生了如图 7–9 所示的金属学的组织变化，即结晶颗粒的气孔或是气穴产生、增殖、龟裂的过程。因此如果观察该材料的相应部位，能够得知其相当于损伤发展模式图的哪一部分的话，就能更加准确地判断该材料的寿命评价，决定其检查的时间。也就是说，通过利用结构材料的腐蚀发展状态以及检查数据的积累，可以提高检查的效率。

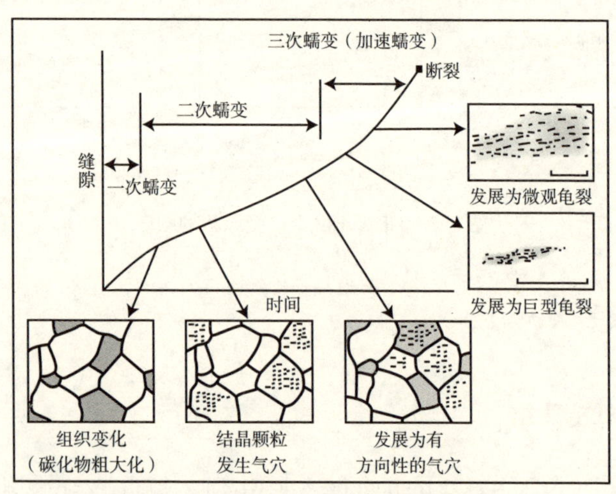

图7–9　Cr–Mo钢中蠕变损伤的进展模式图

出处：木原重光、富士彰夫：《根据风险评价的维护——RBI/RBM入门》，p.43，日本工厂设施维护协会（2002）。

（4）RBI/RBM的效果

图7–10报告了美国火力发电站应用RBI/RBM方法取得的效果。

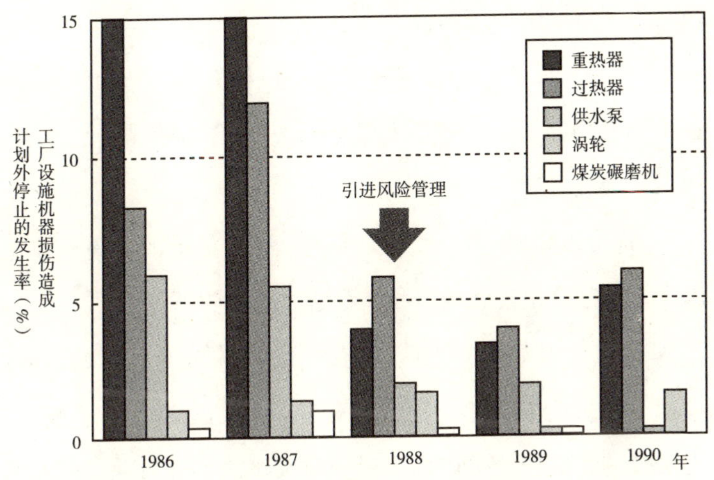

图 7–10　美国火力发电站应用 RBI/RBM 取得的效果

出处：木原重光、富士彰夫：《根据风险评价的维护——RBI/RBM 入门》，p.17，日本工厂设施维护协会（2002）。

7.6 人为条件与物质条件的结合

安全由“人为条件”与“物质条件”的乘积决定。今后的安全基本上是用物质条件来弥补人为条件的降低。但是，设备与系统都是人制作的产物，最终还是人的问题。

JR 福知山线的脱轨事故发生后，日本国土交通省设置的讨论委员会在《与公共交通相关的人为错误事故的防止对策讨论委员会最终汇报》中指出，即使是机械化，最后也需要依赖人的判断力。以下引用该部分[①]：

“人不可能完全不犯错，就算想用机械取代人，构建值得高度信赖的整体系统，但在设计阶段无法预料的情况还是不得不依赖人来处理。”

“‘将可以机械化的地方机械化’等名义上的‘高科技化’事例中，常常会出现人与高科技系统之间的失调情况。”

从2011年开始化学工厂设施的事故不断发生，这些事故的原因都是在发生紧急事态时无法做出恰当的处理。普通情况与反复出现的特殊作业可以事先设想重大事故的经过并准备对策。但是紧急事态很难事先预想到，就算是熟练作业人员也无法马上进行处理。问题正是在于如何处理设计阶段无法预测的事态。

“在紧急事态当中，人总是变得眼光狭隘，无法做出恰当的处理”，因此我们所面对的课题是紧急事态应该交给人处理到哪一地步。虽说如此，将所有判断都交给机械处理需要相应的投资，而且需要从整体经营情况进行判断。

过去的安全管理通过人为条件成功地降低了风险，而今后为了弥补人为条件的降低，需要扩大对物质条件的投资，从设计阶段开始构建设备与系统。

通过加强物质条件（硬件对策），控制主要部分的风险发生频率，残留风险则通过人为条件（软件对策）来降低。

---

① 国土交通省：《与公共交通相关的人为错误事故的防止对策讨论委员会最终汇报》，2006年4月，http://www.mlit.go.jp/kisha/kisha06/01/010426/01.pdf

图7–11是为降低风险的投资额与风险大小的概念图。其反映了投资额多的话可以降低风险，投资额少的话则会增加风险。此时经营的重要决策是决定其平衡点，这也是今后安全管理的关键。

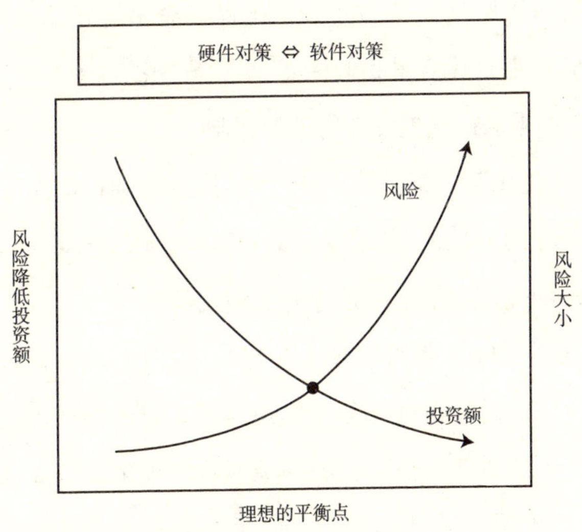

图7–11　为降低风险的投资额与风险大小(概念图)

人与机械的协调

1. 从重大风险开始处理，保留轻微风险。

2. 由于人为条件降低，需要从设计阶段开始降低风险，尽量减少依赖人为判断的因素。

3. 增加为降低风险的投资额，从而降低风险。决定投资与风险的平衡点是重要的经营判断。

4. 通过以上措施依然残留的风险只能依赖人来处理。

5. 今后的安全管理需要保持人为条件与物质条件的协调。

7.7 安全文化

无论如何调整设备与系统，确保安全最终还是人的问题。因此安全文化尤其值得我们注意。安全文化是指“创建使组织里的每个人采取最优先安全行动的体制”。

“安全文化”一词是在 1986 年切诺尔贝利核电站爆炸火灾事故后召开的 INSAG 国际核安全咨询组（INSAG：International Nuclear Safety Group）会议后才开始使用的。

INSAG 在 1991 年将安全文化定义为：“安全文化是指安全的优先度比任何事情都要高，组织与个人都深刻认识到其重要度，并且组织与个人都可以普遍地、自然地采取以此为基础的思考、行动的行为方式体系。”

重点是“安全的优先度比任何事情都要高的观念渗透至组织内部”，经营层需要将“安全第一”的观点浸透至组织内部，并且使各层面的“责任所在明确化”。

(1) 安全文化的必要条件与责任所在的明确化

黑田勋以 INSAG1991 年的讨论等为基础，整理了安全文化的必要条件。笔者将黑田的见解总结为表 7-8。

表 7-8　安全文化的必要条件

安全文化的必要条件
1. 确立组织整体的安全相关政策(领导力) 高层管理人员在社会伦理的基础上，明确提出企业坚定不移的安全哲学，并且带头示范促进行动的高度热情
2. 为了达到这一目的，在创建促使管理人员共同努力的环境(组织的干劲)与充实员工的教育训练的同时，创建让作业人员可以热情地投入工作的作业环境、人为环境
3. 明确责任所在(正义的文化) 必须事先明确与安全相关的各阶层，尤其是管理层的责任所在
4. 相互确认、紧密沟通(信息的文化) 在现场培养良好的报告、联系、商量(报、联、商)的习惯
5. 制定与遵守恰当的程序(学习的文化) 除了“如何实施(Know How)”，还需要注意“为什么实施(Know Why)、“以什么为目标(What purpose)”的一致性与严格区分
6. 与安全活动相关的严格的内部监督检查(自立的文化) 想要自觉地保持社会所需求的安全层次，有时会出现牵系企业存亡的困难
7. 创造可以坦率报告错误的氛围(报告的文化) 可以坦率报告事故背景中存在的隐患的职场氛围是安全文化的必要条件
8. 采纳报告、应用于预防安全、开放的组织态度(灵活性的文化) 企业需要将错误视为不安全行为与不安全状态的初期症状，采取认真的态度防止事故再次发生。 确认每个人都理解这种态度是企业的安全政策

出处：笔者根据黑田勋：《安全文化的创造》，pp.216–225，中央劳动灾害防止协会（2000）为基础制作而成。

在构建安全文化时，以下 3 点尤其重要。

①高层确立组织整体安全的相关政策。

②为了达到这一目的，创建促使管理人员共同努力的环境。

③责任所在的明确化。

每个当事人的认识都是至关紧要的。在构建“安全文化”时，重要的是每个人在行动时都能理解自己的职责与责任，尤其重要的是“明确管理层的责任所在”。

管理层位于经营层与操作人员的中间，需要处理大量业务，因此有时会发生超过个人处理能力的情况，而且责任所在也不够明确。

比如说在海外制定文件时，需要制定者、检查者与批准者三人签字后完成。而在日本由相关部门的负责人依次盖章后完成。尽管向相关部门通知信息有一定的意义，但是这样明显会增加管理人员的业务量，而且会使责任所在不够明确。

在杜邦的安全管理中值得我们佩服的是其规定了“在违反安全的相关规定时有可能会解雇”的严厉惩罚措施。一般来说，与欧美相比，日本对违反标准或规定的惩罚要轻。以汽车召回为例，日本规定尽快申报，而美国规定在 5 个工作日以内申报，并且罚款也是日本的大约 10 倍。

惩罚不严的话，不仅有可能导致操作人员不遵守规定或标准，而且也增加了管理人员“注意员工是否遵守规定的多余业务”。

如上所述，在管理层的业务方面，需要重新审视是否真正需要这些业务，并且通过实施必要的制度改革、将业务调整至合理的规模，使管理层可以发挥出原本的责任与权限。

> **维也纳市的地铁**
>
> 不光是维也纳市，在乘坐欧洲地铁时，我们会发现许多站都没有检票口。但就算没有检票口，乘客也会购买车票。这是因为偶尔会有乘务员查票，如果查到没有票的话，罚款出奇的高。该事例反映了严厉的惩罚会使人们遵守规定。

（2）安全文化是什么

安全文化是指组织、个人尽职尽责地完成自己应该做的事情。实施具体对策的中心是管理层，而支撑其的是经营层的领导力。

IAEA 的 INSAG（国际核安全咨询组）将安全文化的构成因素总结为图 7-12。记载中指出，“定义中将安全文化与个人的态度及观点以及组织的理想状态关联在一起，但是这些基本上都是看不到的东西”。

因此我们可以解释为政策（经营者）层面、管理人员层面、个人层面等各个阶层的誓约构成了安全文化的核心因素。各个层面在誓约的基础上充分认识到自己的职责，并且踏踏实实地完成这一职责便是安全文化。

这一观点与杜邦在《安全管理成功的必需条件》中提出的“只有以管理人员的公约为核心，经营干部拥有强力且显著的责任感才能成功”的认识是一致的（参照第 6 章）。

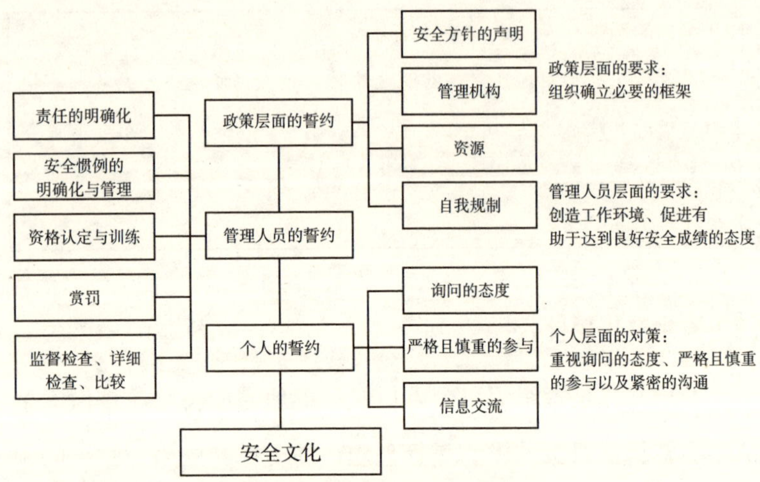

图7–12　安全文化的主要构成因素

出处：核安全基础机构：《核安全的相关国际机构、海外规制机构以及我国的努力》，http://www.meti.go.jp/committee/materials/downloadfiles/g50908a06j.pdf

> **安全文化的重点**
>
> 1. 安全的优先度高于任何事项。组织及个人需要认识到安全的重要度，并以此为基础进行思考、采取行动。
>
> 2. 因此，经营高层应该认真地宣布“安全第一”，并且进行实践。
>
> 3. 明确管理层的责任所在。管理层切实地实行誓约，经营高层给予其支持。

（3）福岛核电站事故是日本社会所造成的事故

以下以国会事故调查委员会的报告书英语版前言和各大企业的事故报告书为事例，从具体的解决对策的视角来思考日本对安全文化的认识。

国会事故调查委员会的黑川清委员长曾经调查了福岛第一核电站事故，他在英语版的《国会事故调查委员会报告书前言》当中指出："核电站事故是由'根植于日本文化的习惯'所带来的、日本制造的危机。"报告书中记载："也许这一事实很难令人接受，但是我们必须认识到这场灾害是日本制造的。之所以会发生事故，是因为日本反射性的顺从性、不愿意挑战权威的性情、拘泥于计划的固执、集体主义与狭隘性。如果在该事故当中由其他的日本人来负责，结果或许还会是一样。"①（以下原文）

"What must be admitted – very painfully – is that this was a disaster 'Made in Japan'. Its fundamental causes are to be found in the ingrained conventions of Japanese culture: our reflexive obedience; our reluctance to question authority; our devotion to 'sticking with the program'; our groupism; and our insularity.Had other Japanese been in the shoes of those who bear responsibility for this accident, the result may well have been the same."

黑川委员长的意思是想警告大家，"不要光是批判核电站的相关负责人员，我们每个日本人都应该将其视为自己的问题（作为当事人）来思考核电站的事故。我们应该考虑到，是日本社会以前的认识与习惯引发了这一事故"。

① The official report of Executive summary The Fukushima Nuclear Accident Independent Investigation Commission: http://warp.da.ndl.go.jp/info:ndljp/pid/3856371/naiic.go.jp/wp-content/uploads/2012/09/NAIIC_report_lo_res10.pdf

黑川委员长对问题进行了一针见血式地剖析，笔者作为日本人深有同感。但是，海外媒体批判这则前言“没有追究责任所在”[①]。

我们应该怎么看待这一评价呢？

海外媒体质问道：“委员长总结说这一危机是由根植于日本文化的习惯所造成的，但是具体应该怎样解决呢？”该问题主要是说将危机归因于日本社会的习惯时，需要花费很长时间才能进行改善，那么到底能否实施具体的对策。

日本许多事故报告书当中都有共同的特点，那就是其中详细记载了导致事故发生的技术性原因与防止再次发生的对策，但是在谈及引发该情况的因素时，都将其总结为公司长年以来养成的习惯与文化的问题。

尽管报告书将事故原因追溯至自己所属的集体的问题并进行了深刻的反省，这一点容易引起人们的共鸣。但是正如海外媒体对《国会事故调查委员会报告书前言》的批判一样，大多数事故报告书没有明确各层面的责任所在。我们不得不承认，其并没有涉及安全文化中最重要的部分——“明确各层面的责任所在”。

为了确保安全，我们需要采取现实可行的具体对策，而不是综合性论述。今后日本的安全需要明确责任所在。

① 小林恭子：《考虑每位国民的事故调查报告书》，2012年7月7日，http://ukmedia.exblog.jp/18197552/

（4）关于事故原因调查

许多事故报告书没有涉及明确的责任所在的原因之一是一旦明确了责任所在，就会被追究刑事责任。

日本学术会议提出了《关于事故调查体制的建议》[①]。

“为了查明事故原因，除了技术方面以外，人与组织的参与——即人为因素的阐明也是必不可缺的工作。因此，想要寻找事故的真正原因，得出防止再次发生的教训，如何适当地获得事故当事人的证言是重要的课题。然而这样会出现一个问题，那就是在当事人害怕被追究法律责任时难以获得有效的证言。当然，如果当事人存在故意或是重大的过失，自然应该追究其法律责任。这种情况另当别论，在像上述这些与复杂的系统操作相关的事故当中，就算处罚事故中扣下最后扳机的当事人也不能解决任何问题。还不如通过他们获得大量证言，查明为什么会走到扣下最后的扳机的地步，为什么不得不扣下扳机，从中获得防止同类事故再次发生的教训，这一工作不同于搜查，它与事故‘调查’所起到的作用也有所关联。

因此，在事故调查当中，明确地确立不以追究个人责任为目的的立场是十分重要的。在该立场上进行调查，不仅能够更加容易地发现真相，而且可以期待其防止类似事故再次发生，为提高安全水平阐明宝贵的事实。”

---

① 日本学术会议：人与工程学研究联络委员会安全工程学专业委员会《关于事故调查体制的建议》，p.2，p.14，2005年6月23日。

"系统性事故、有组织参与的事故需要进行充分的原因分析，不只是关注与事故最接近的行为与现象，还应该分析综合原因、管理因素等背景因素，防止事故再次发生。

因此，我们需要考虑如何更容易地从事故当事人那里获得足够的证言，同时在追究事故责任时，需要削弱只关心处罚当事人的风潮，强调只有发现事故的真正原因、防止事故再次发生才是具有社会正义的追究责任的形式，并将这一认识普及至整个社会。"

重点是警察的搜查在于明确个人的责任所在，而防止事故再次发生需要明确背景因素，如组织的责任所在，如何导致当事人扣下最后的扳机等。因此，日本社会需要进行意识变革，认识到最重要的不是追究引发事故的个人责任，而是去反思发生的事故，通过查明其背景因素来防止事故再次发生。

此外，我们还需要像欧美一样承认"有可能会发生事故"的事实，容许人犯错（失败），建立将从事故中获得的教训与今后安全的提高相结合的社会。

日本认为只要正确管理好各项程序，就能将次品率降低至零。一旦出现次品，就认为是管理不够充分，并追究个人的责任。

欧美认为在生产程序中是有可能出现某一程度的次品的，因此通过检查不让次品流出。换言之，欧美将次品的出现视为组织、系统的问题。这种对"制造业"的认识差异也构成了日本与欧美在事故调查中出现差异的原因之一。

今后的日本制造业将通过挑战新事物而发展，此时必然潜藏着未知的风险，技术人员需要鼓起勇气挑战风险，并努力使风险最小化。

想要实现拥有价值的创新时，如果社会不容许失败，最终将会造成人们对新的挑战犹豫不决，毫无疑问这对整个社会来说是极大的损失。

附录

法令与指针的相关解说

法令·指针	重点
1.《劳动安全卫生法》	·2006年4月 修改 ①调查危险性或有害性等 ②制造业招标企业进行联络与协调 ③安全卫生管理体制的相关修改
2.劳动安全卫生管理系统	·2006年3月 修改指针 ①法律规定有一定的局限性，因此应该基于企业的自主性活动，推进安全卫生水平的持续性改善 ②国际劳动机关(ILO)指导方针的对策
3.制造业招标方指针	·2006年8月 指针 招标企业的责任：致力于减少相关承包商的灾害发生 ①由招标企业确立包括相关承包商在内的车间整体的安全卫生管理体制 ②招标企业有义务进行作业间的联络与协调
4.机械综合性安全基准的相关指针	·2007年7月 修改指针 阐述了从事机械制造的企业以及让劳动者使用机械的企业所实施的综合性安全保障方案 ①实施风险评估 ②实施本质的安全设计与保护方案 ③与相关人员共享残留风险的信息
5.与危险性或有害性等调查相关的指针(风险评估指针)	·2006年3月 指针 根据劳动安全卫生法第28条第2款第1项的规定，制定处理措施的基本思路以及实施事项 <安全的思路> 依照优先次序实施风险降低对策(根据ALARP原则) <具体的实施内容> ①确定与劳动者工作相关的危险性或有害性 ②预计风险、评价 ③设定降低风险的优先级以及讨论风险降低措施 ④根据优先级实施风险降低措施

关于《劳动安全卫生法》修改版、劳动安全卫生管理系统、制造业中招标企业的安全卫生管理指针（制造业招标方指针）、机械综合性安全基准的相关指针（机械综合安全指针）、与危险性或有害性等调查等相关的指针（风险评估指针），笔者整理并记载了其要点。

《劳动安全卫生法》

（1）修改的背景

①在风险评估的基础上事先采取安全对策。

②对危险与预防措施采取的行政措施：机械设备的大型化高速化、产业用机器人、引进计算机支持系统的生产程序自动化、机械设备的修理、调整作业等维护型作业的高度化、非常时期作业的困难化等由技术发展所带来的新型灾害的处理。

A. 新增、变更机械设备或工厂设施时等的计划、设计阶段的安全对策。

B. 机械设备的设计 、制造阶段的安全对策：

a. 实施风险评估；b. 由制造者等实施安全方案。

C. 机械等的流通阶段的安全对策。

D. 机械等的使用阶段的安全对策：非常时期作业的指导方针。

（2）变更的重点

①企业必须调查建筑物、设备、作业等的危险性或有害性，在其结果的基础上采取必要的措施。（与第28条第2款第1项相关）

②制造业等的招标企业为了防止其劳动者以及相关承包商的劳动者在同一场所作业而发生的劳动灾害，必须实施作业间的联络与协调以及其他必要的措施。（与第30条第2款第1项相关）

（3）《劳动安全卫生法》修改版11个重点

《劳动安全卫生法》修改版的11个重点

1	医生对长时间劳动者进行当面指导
2	通知劳动者特殊健康诊断结果
3	调查危险性、有害性等以及实施必要的措施
4	对通过认证的企业免除计划书
5	重新审视安全管理人员的资格条件
6	强化安全卫生管理体制
7	制造业的招标企业实施作业间的联络与协调
8	化学设备的清扫等作业的委托人提交文件
9	改善化学物质等的表示、文件提交制度
10	进行有害物质泄露作业的报告
11	重新审视执照、技能讲习制度

（4）《修改劳动安全卫生法中一部分的法律》（2014年法律第82号）

主要的修改重点：

①有义务实施与化学物质相关的风险评估。

风险评估的实施是努力义务，但企业有义务实施化学物质（安全数据表中记载的640种特质）的风险评估。

②为掌握对平时雇用的劳动者所造成的心理负担程度而进行检查（压力检查）。

③对多次出现重大劳动灾害的企业，引进由日本相关部门大臣进行指示、劝告、公布的制度。

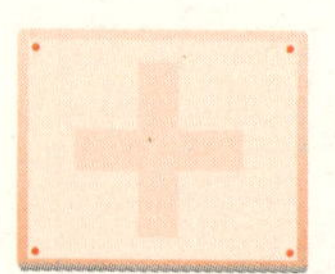

劳动安全卫生管理系统

（1）OSHMS的概要

OSHMS（Occupational Safety and Health Management Systems）是指为了提高车间的安全卫生水平，企业规定一系列程序，自主地进行如下所记①~④的活动。OSHMS的基本框架如附图-1所示。

①安全卫生的相关方针的说明。 ②危险性或有害性等的调查以及基于其结果采取的措施。 ③安全卫生的相关目标的设定。 ④安全卫生的相关计划的制订、实施、评价以及改善。

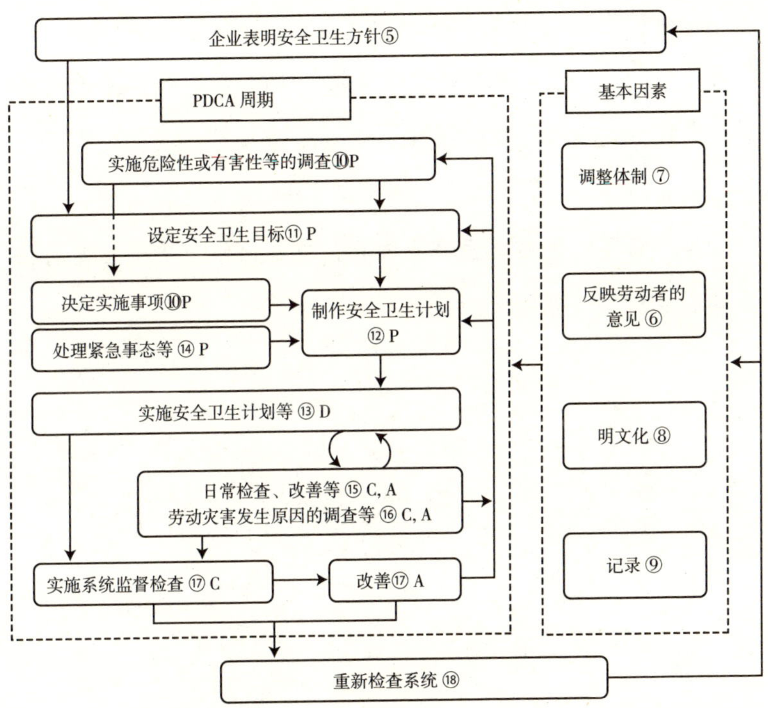

（注 1）○数字：表示指针的条款
（注 2）P，D，C，A 分别表示“计划”、“实施”、“评价”、“改善”

附图 –1　OSHMS 的基本框架

（2）OSHMS 的特点

OSHMS 的目标是通过自主性活动提高安全卫生水平。

①以高层公布的安全卫生方针为基础，全公司投入活动。

②通过实施风险评估以及在其结果的基础上实施对策来保证本质安全化。

③通过计划（Plan）——实施（Do）——评价（Check）——改善（Act）的 PDCA 周期持续实施一系列自主活动。通过系统监督发挥检查作用，并如附图 -2 所示，螺旋式地提高安全卫生水平。

④将必要的事项与程序明文化，以及记录与措施相关的必要事项。

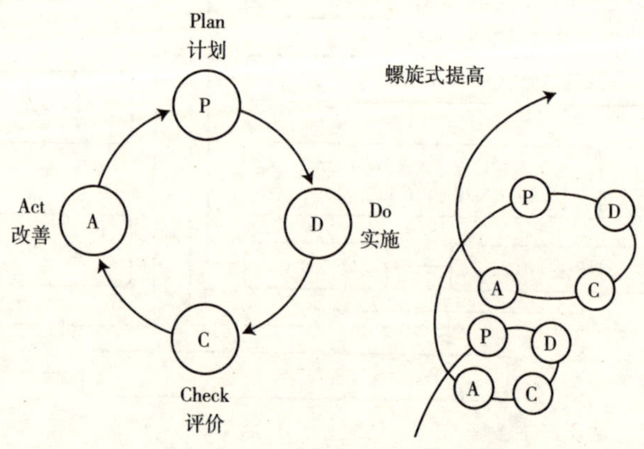

附图 -2　通过 PDCA 周期螺旋式提高

风险评估是 OSHMS 的核心，设定安全目标、制订、实施安全卫生计划等都是建立在风险评估的基础上。

（3）引进 OSHMS 的背景

一般认为企业引进 OSHMS 有以下三大背景因素：

第一是劳动灾害发生率的减少有停滞的倾向。根据规定进行安全管理有一味地在后头追赶之嫌，因此今后为了进一步减少劳动灾害，需要通过企业的自主性努力，计划性地制订目标并加以改善。

第二是风险因素的多样化，如岗位环境的显著变化、新的生产系统、机械设备、新的原材料造成新的风险等。为了解决这一系列问题，需要实施风险评估，将发现潜在风险并进行评价加入安全卫生计划当中。

第三是企业想要开展全球化业务，必须在安全管理中采取世界通用的系统 OSHMS。

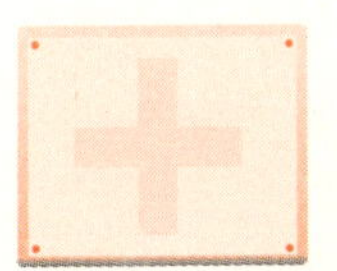

制造业招标方指针

（1）指针的背景与主旨

①由于业务承包的增加造成劳动灾害的发生，相关承包商的劳动灾害发生率比招标企业要高。

②相关承包商很多时候承担了修理设备、搬运产品等高危险性、高有害性的作业，而且其作业场所是在招标企业的车间内，所以仅凭相关承包商的自主性努力难以全面地防止灾害发生。

③为了防止招标企业的劳动者以及相关承包商的劳动者在同一场所作业而发生劳动灾害，对整体业务拥有权限与责任的招标企业需要决定“实施作业间的联络与协调”等应当实施的

事项，并且“确立综合安全卫生管理体制”。

> 招标企业：将“同一场所”的工作的一部分交给承包商的人。如果有多个承包部分工作的合同的话，则指最开始的发包商。
>
> 相关承包商：接受招标企业承包工作的所有承包商。如果是通过多个合同进行承包时，则指所有承包合同的当事人。
>
> 同一场所：从原则上来说，承包合同关系中的数个单位混合进行相关工作的每个作业场所均被称为“同一场所”。具体来说，需要考虑到劳动者的混合性作业等，根据《劳动安全卫生法》，从目的论的视角来规定。

（2）基于制造业招标方指针的安全管理体制

①在制造业等行业中，不同的指挥系统下的劳动者在同一场所进行混合作业时会增加危险。

· 招标企业与承包商企业在同一作业场所进行作业时，需要进行统一的联络与协调等综合性管理。

· 从合同关系来说，管理的主体应该由招标企业承担。

· 招标企业与承包商企业之间进行紧密的合作，采取防止劳动灾害的对策。

②“同一场所”　考虑到劳动者的混合性作业等，根据《劳动安全卫生法》，从目的论的视角（防止在同一场所发生劳动灾害）来规定。

附图 -3 总结了招标企业与相关承包商分别应该实施的事项。

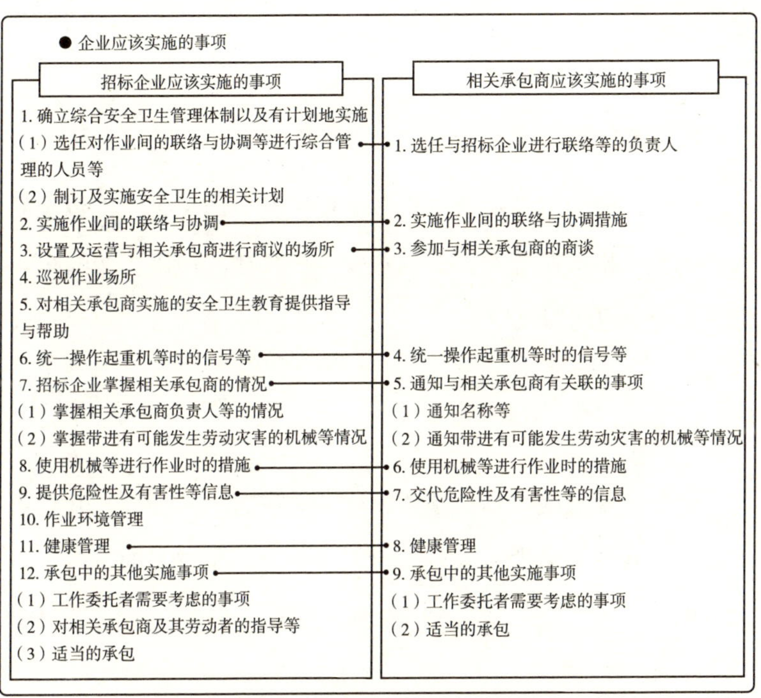

● 企业应该实施的事项
招标企业应该实施的事项
1. 确立综合安全卫生管理体制以及有计划地实施
（1）选任对作业间的联络与协调等进行综合管理的人员等
（2）制订及实施安全卫生的相关计划
2. 实施作业间的联络与协调
3. 设置及运营与相关承包商进行商议的场所
4. 巡视作业场所
5. 对相关承包商实施的安全卫生教育提供指导与帮助
6. 统一操作起重机等时的信号等
7. 招标企业掌握相关承包商的情况
（1）掌握相关承包商负责人等的情况
（2）掌握带进有可能发生劳动灾害的机械等情况
8. 使用机械等进行作业时的措施
9. 提供危险性及有害性等信息
10. 作业环境管理
11. 健康管理
12. 承包中的其他实施事项
（1）工作委托者需要考虑的事项
（2）对相关承包商及其劳动者的指导等
（3）适当的承包
相关承包商应该实施的事项
1. 选任与招标企业进行联络等的负责人
2. 实施作业间的联络与协调措施
3. 参加与相关承包商的商谈
4. 统一操作起重机等时的信号等
5. 通知与相关承包商有关联的事项
（1）通知名称等
（2）通知带进有可能发生劳动灾害的机械等情况
6. 使用机械等进行作业时的措施
7. 交代危险性及有害性等的信息
8. 健康管理
9. 承包中的其他实施事项
（1）工作委托者需要考虑的事项
（2）适当的承包

附图 –3　招标企业与相关承包商应该实施的事项

机械综合性安全基准的相关指针

2001 年 6 月，厚生劳动省发布了《机械综合性安全基准的相关指针（机械综合安全指针）》。之后在 2005 年，劳动安全卫生法得到修改，将调查危险性或有害性等（风险评估）以及在其结果的基础上实施措施规定为企业的努力义务。此外，根据机械安全性的国际标准，2007 年 7 月全面修改了《机械综合安全指针》。

（1）修改的主旨

机械造成的劳动灾害发生数量占所有劳动灾害发生数量的大约三成。机械制造商需要制造安全的机械，使用机械的企业也需要安全地使用机械。

（2）特点

通过实施风险评估，预测发生劳动灾害的可能性，并且为了防止灾害发生采取必要的安全对策，而不是过去的事后型安全对策。

①为了防范事故于未然，采用风险基础方法。

②全面致力于机械设计制造阶段的安全化及其使用阶段的安全化。

附图 –4 表示了机械制造者等人员以及让劳动者使用机械的企业应该实施的事项。

· 在机械的设计、制造阶段实施风险评估。

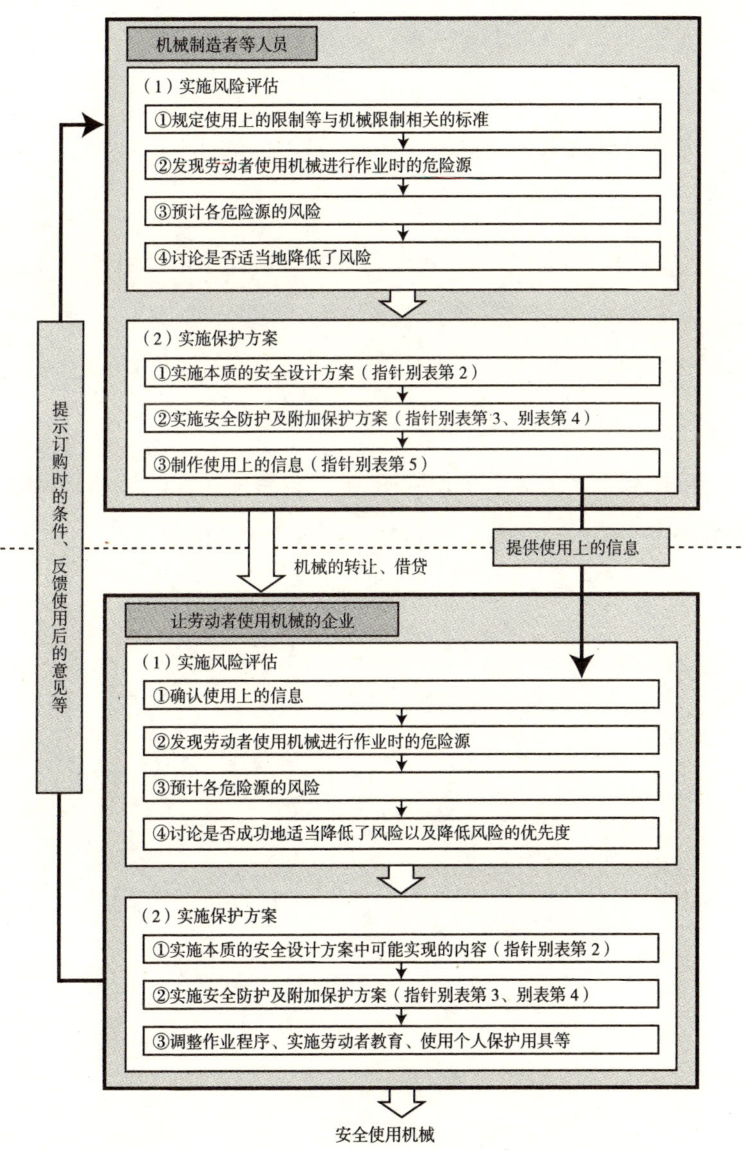
机械制造者等人员
（1）实施风险评估
①规定使用上的限制等与机械限制相关的标准
②发现劳动者使用机械进行作业时的危险源
③预计各危险源的风险
④讨论是否适当地降低了风险
（2）实施保护方案
①实施本质的安全设计方案（指针别表第 2）
②实施安全防护及附加保护方案（指针别表第 3、别表第 4）
③制作使用上的信息（指针别表第 5）
提示订购时的条件、反馈使用后的意见等
机械的转让、借贷
提供使用上的信息
让劳动者使用机械的企业
（1）实施风险评估
①确认使用上的信息
②发现劳动者使用机械进行作业时的危险源
③预计各危险源的风险
④讨论是否成功地适当降低了风险以及降低风险的优先度
（2）实施保护方案
①实施本质的安全设计方案中可能实现的内容（指针别表第 2）
②实施安全防护及附加保护方案（指针别表第 3、别表第 4）
③调整作业程序、实施劳动者教育、使用个人保护用具等
安全使用机械

附图 –4　基于指针的风险评估与实施风险降低对策

在此基础上实施保护方案（机械的本质安全化、安全防护及附加保护方案）。

对于依然残留的风险（残留风险），向使用者提供使用上的信息。

· 在机械的使用阶段实施风险评估，在此基础上实施保护方案（采取本质安全化与附加保护方案，调整作业程序，进行安全教育）。

机械制造者等人员依据附图 –5 的流程实施风险评估与风险降低对策。附图 –5 表示了附图 –4 的具体实施内容。

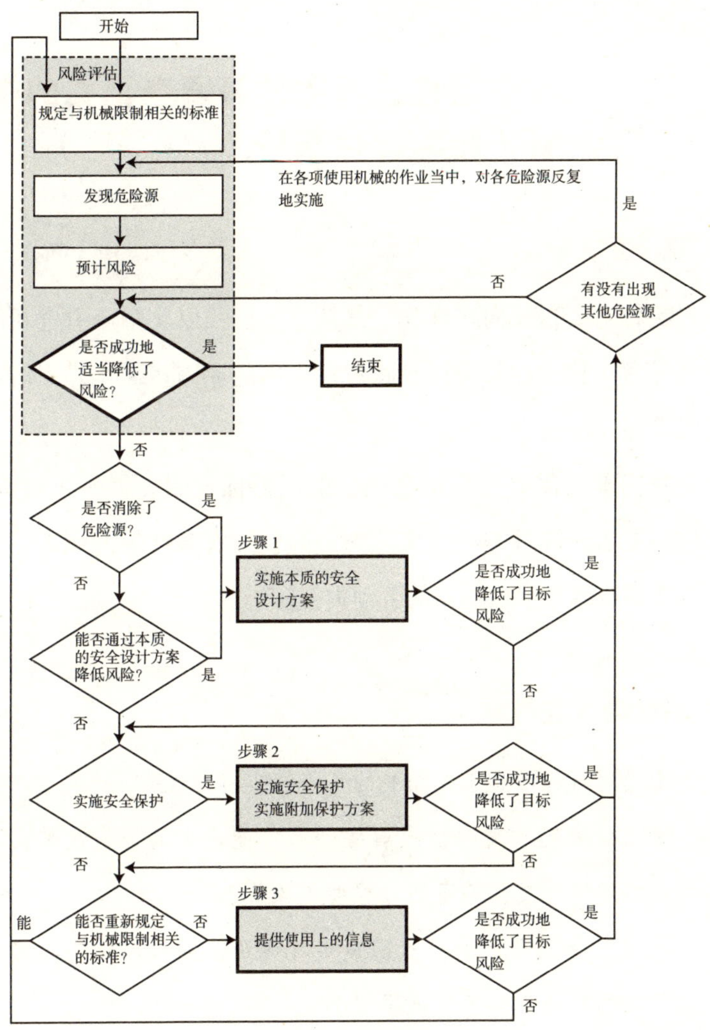

附图 –5　机械制造者等人员实施风险评估以及降低风险的程序

与危险性或有害性等调查相关的指针（风险评估指针）

（1）制定的主旨

随着生产程序向多样化、复杂化发展，以及企业引进新的机械设备、化学物质等，导致劳动灾害的原因多样化，人们也难以掌握其情况。

我们不仅需要遵守法令规定的最低标准的灾害防止对策，还应该在各个车间自主地实施对危险性或有害性等的调查，同时基于调查结果采取适当的劳动灾害防止对策。

（2）具体的实施内容

①确定与劳动者工作相关的危险性或有害性。

②预计确定的危险性或有害性有可能产生的负伤或是疾病的严重程度以及发生的可能性程度（风险）。

③为了降低预计的风险而设定优先级，同时讨论为了降低风险采取的措施（风险降低措施）。

④根据优先级实施风险降低措施。

（3）实施体制

①由综合安全卫生管理人员、业务实施的综合管理人员（单位高层）等对实施调查等工作进行综合管理。

②由单位的安全管理人员、卫生管理人员等对实施调查等工作进行管理 。

③通过有效利用安全卫生委员会等（安全卫生委员会，又称安全委员会或卫生委员会），让劳动者参与计划。

④在实施调查等工作时，让掌握详细作业内容的工长等人致力于确定危险性或有害性、预计风险、讨论风险降低措施等工作。

⑤在实施与机械设备等相关的调查等工作时，需要对该机械设备等拥有专业知识的人员参与计划。

（4）实施时期

企业在以下 a 到 e 所规定的作业等时期进行调查等工作。

a 建设、迁移、更改、拆毁建筑时。

b 新使用设备，或是发生变更时。

c 新使用原材料，或是发生变更时。

d 新使用作业方法或是作业程序，或是发生变更时。

e 其他出现以下情况等，单位发生风险变化，或是有可能发生时。

（a）发生过劳动灾害时，过去的调查等内容有问题时。

（b）上次调查之后经过一定时间，机械设备等由于长年使用变得劣化、由于劳动者的更换等造成劳动者对安全卫生的相关知识经验的变化、安全卫生方面积累了新的见解等的时候。

（5）风险预计以及在其基础上设定优先度的方法的事例

①负伤或疾病的重大程度

关于“负伤或疾病的重大程度”，基本上以休业天数为尺度。

- ·致命的：死亡灾害或给身体的一部分带来永久性伤害的。
- ·重大：休业灾害（1个月以上）、一次出现大量受害者的。
- ·中等程度：休业灾害（不到1个月）、一次出现数名受害者的。
- ·轻度：不需要休业的灾害、造成擦伤程度的。

②负伤或疾病的可能性程度

预计“负伤或疾病的可能性程度”时需要考虑接近危险性或有害性的频率、时间、避免的可能性等。

- ·可能性非常高：日常长时间作业当中所伴随的且是难以避免的。
- ·可能性比较高：日常作业当中所伴随的且是可以避免的。
- ·有可能：非日常作业当中所伴随的且是可以避免的。
- ·几乎不可能：在极少的作业当中所伴随的且是可以避免的。

③风险预计的事例

		负伤或是疾病的严重程度			
		致命的	重大	中等程度	轻度
发生负伤或是疾病的可能性	非常高	5	5	4	3
	比较高	5	4	3	2
	有可能	4	3	2	1
	几乎没有可能	4	3	1	1

风险	优先度	
4~5	高	有必要直接采取风险降低措施。在采取措施之前停止作业。需要投入足够的经营资源
2~3	中	有必要尽快采取风险降低措施。最好在采取措施之前停止作业。优先投入经营资源
1	低	根据需要实施风险降低措施

结语

我曾经经历过一起爆炸事故。尽管最后得出的结论是这是一起难以预测的事故，但是我一直在懊悔，如果我拥有安全工学的基本知识与认识，也许结果就会不一样了。事故发生后，是社会各界的鼓励支撑着我渡过了这一难关，其中我尤其难以忘记的一句话是“任何公司都经历过事故，克服了这一经历才会有今天”。

日本最近发生了福岛核电站事故以及一系列化学工厂设施的爆炸火灾事故，社会担心科技所带来的危险，因此进一步追求安全。然而最令人担心的事情是过分强调安全导致人们对新事物的挑战热情降低。

想要在竞争当中求生存，必须不断进行创新，因此有必要防止创新中潜藏的风险。我执笔本书正是希望将自己经历过的、学到的知识告诉从事新开发的研究人员和技术人员、在现场进行制造的管理人员和技术人员，希望他们不会像我一样体会到事故当事人的悔恨经历。

我在本书中反复强调以下三点：

第一，日本社会追求“零事故”，但是我们不可能处理所有的风险。这是全球的标准化认识，日本许多科技人员也了解这一点。一味坚持“不做危险的事情”不能使日本在今后的国际竞争当中生存。

因此，日本的安全管理需要从过去的“零事故”向以“不引起重大事故”为目标的“风险基础的安全管理”转变。

第二，我们需要认识到现场的处理能力正在降低，应该采取安全对策。每个人潜心于自己的研究、认识到自己的任务与责任自然是重要的工作，但我认为参与设计的技术人员、现场的管理人员和技术人员担负有更大的责任。

我们需要从开发设计阶段开始更加注重安全，在设计与构建系统时努力做到就算作业人员出错也不会导致重大事故发生。此外，许多事故都源自不遵守规定或标准，贯彻遵守规定是现场管理人员与技术人员的责任。

第三，“今天的安全并不能保证明天的安全”。因此，为了防范危险于未然，需要“贯彻风险评估和坚持执行危险预知（KY）”。由于最后都会归结为有没有感觉到“危险”这一问题，因此通过持续实施风险评估与危险预知，以及彻底调查类似事故来培养“危险的感受性”是十分重要的工作。

想要做到以上三点，需要从过去的“自下而上型”的安全管理转变为“高层主导型”的安全管理体制，因此需要经营高层发挥出强力的领导力以及对经营资源进行分配。

以前日本一直认为只要采取好的对策就能防止事故发生，而欧美认为无论怎样采取对策，事故都有可能发生。考虑到“有可能会发生事故”，就需要做好一定的准备，使事故不会带来致命性的伤害。

福岛核电站给我们带来了宝贵的教训。福岛第一核电站受到超过预想的海啸冲击，导致了致命性的灾害，而同样被海啸袭击的福岛第二核电站、女川核电站则没有发生类似事故。就算海啸的冲击超过了预想，但是是否确保紧急电源其实是风险管理的问题。安全管理也应该加以参考。

考虑到“不可能达到零风险”“人所制造的东西并不是完美无缺的”，就应该认识到仅仅采用这些安全对策并不是万无一失的，还是有可能会发生事故，这样就必须做好准备，以便于发生事故时不会给人造成危害。

安全确保有两大制约。一是科技并非是完美无缺的，只能达到当时的技术水平有可能达到的程度。二是只能在成本与时间等保持经济合理性的基础上达到可能实现的程度。

安全工学是在这两大制约的基础上设定可行目标，并且从防止重大事故发生的角度决定其优先次序，致力于“尽可能地降低风险”。依然残留的风险最终将交给人来处理。

我们在优先通过物质条件确保安全的同时，追求将物质条件与人为条件结合的安全管理。

接受标准最终由相关人员协商决定。即使是在风险基础的安全管理方面领先世界的英国，ALARP 法则的渗透也花费了大约 20 年时间。日本需要认真进行风险沟通，以便取得一致的意见。

因此，无论是诚实地对科技的风险与利益进行解释的人，还是听取解释的人，都需要认识到最终的成本将由自己负担，在此基础上寻找妥协点。

日本触媒的池田全德社长在《日经商业》2013 年 3 月 18 日号上谈到化学工厂设施的爆炸事故。经营高层重新认识到“制造业”的基础是在制造现场，并对现场能力的降低、轻视现场的风潮等进行了反省。担负日本未来的是新的技术开发，而使之成为可能的是安全地制造产品的能力。最后，“让我们在工作中以安全第一！”“请安全地工作！”

东京大学名誉教授吉田忠雄自爆炸事故以来一直不吝指导；东京大学名誉教授户田昭三、教给我研究开发的基础知识；琦玉大学名誉教授松本史朗指导我的学位论文并为我从事安全工作提供了契机；还有安全工学会、化学工学会、日本技术士会、中央劳动灾害防止协会、产业安全卫生综合研究所、Lion 股份公司等在实际工作当中给予我诸多帮助的各大企业，在出版本书时，请允许我向你们致以由衷的感谢。

在我几度遭遇挫折时，ohm 出版社的各位、向井真纪小姐一直耐心地等待并给予我热情的鼓励，在此表示衷心的感谢。

最后感谢一直热心地支持着我的家人。

希望本书能给从事新技术开发的人员、现场的安全管理负责人提供帮助，为降低事故的发生献出自己的绵薄之力。

2013年5月

中村昌允

东方出版社助力中国制造业升级

定价：28.00 元

定价：32.00 元

定价：32.00 元

定价：32.00 元

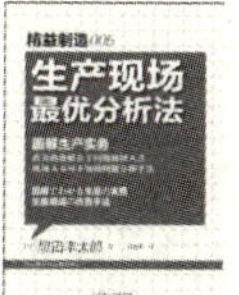

定价：32.00 元

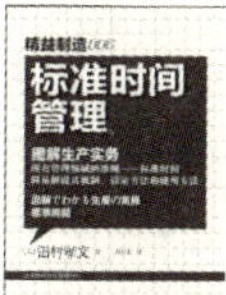

定价：32.00 元

定价：30.00 元

定价：30.00 元

定价：32.00 元

定价：28.00 元

定价：28.00 元

定价：36.00 元

定价：30.00 元

定价：32.00 元

定价：32.00 元

定价：32.00 元

定价：38.00 元

定价：26.00 元

定价：36.00 元

定价：22.00 元